心と
ふれあう
教育相談

卯月研次・後藤智子 編著

Educational Counseling
–for Empathic Interaction

Uzuki Kenji・Goto Tomoko

北樹出版

は　じ　め　に

　本書が企画されたのは、スクールカウンセラーが公立小学校に積極的に配置され、ソーシャルスクールワーカーという職種が新たに登場し始めた頃でした。そしてその頃、不登校やいじめ、非行や虐待など、子どもたちの心の成長・発達上の様々な問題について、家庭での養育、学校教育はもちろん、地域との連携の必要性が強く認識され始めました。その後、子どもたちを取り巻く養育・教育の環境では、多くの関係者の温かく熱心な関わりや工夫と努力がなされていますが、いまだ社会として解決ないし改善すべき課題も山積されています。その流れの中で、「いじめ防止対策推進法」「子どもの貧困対策法」等、子どもの権利を守るための法律も成立していますが、その前後で、大津や川崎での痛ましい事件が起こるなど、まだまだ子どもたちの置かれている環境に、教育的・心理的・福祉的支援が行き届いていないことを教えてくれています。

　本書のタイトルとして、"心とふれあう"という表現が用いられています。それは、教師やスクールカウンセラーなど、子どもの心の成長の支援に携わる人が、自分の心と主体的に触れ合い、感じ、確かめ、向かい合うことを大切にしながら、それを手がかりにしつつ、子どもたちの心と触れ合い、子どもの心の状態を感じ、確かめ、向かい合うというプロセスを大切にしたいという願いが込められているからです。

　企画から出版まで、当初の予定より多くの時間とたくさんの手をかけて、本書は誕生いたしました。期せずしてその間に、日本は個人のレベルでも、社会のレベルでも、いくつもの大きな出来事に見舞われました。東日本大震災は今なお大きな影響を人々の心身や生活に与えています。このような様々な災害や事件、事故に遭遇した子どもたちや保護者に対する教育的・心理的・福祉的支援の必要性についても、ますます深く認識されることが求められています。本書では、教師をはじめ、心理や福祉の専門家を志す学生の皆様、子どもの支援

を行っている多様な立場の皆様が、子どもたちに関わる際に踏まえておくべき諸問題、およびその対応や留意点について、教育臨床や心理臨床の場で実践活動を重ねてきた著者達によって、きめ細やかに具体的に述べられています。

　どのような社会、どのような時代であろうとも、教育は次世代を育むための大切な要の営みであり、教育相談は、一人ひとりの子どもが、人格を大切に育まれる経験を通して、他者の尊厳を尊重する力を養う、大切な実践的な営みです。話をよく聴いてもらう体験は、自分の心の深みと出逢い、他者の心の深みに触れることにつながります。

　今年は戦後 70 年の節目の年であり、また今日は東北地方に深い悲しみをもたらした大震災を心に憶える日です。岩手県花巻出身の宮沢賢治は、こう述べています。「人類が、過去、現在、未来の三世にわたって真の幸福を探し求めるということは、実に難しいことです。でもそれはしなければならないのです。人間がふたたびあの恐ろしい爬虫類時代のようなところに後退してしまわないためにです。その戦いのために、私はこうして白いチョークの粉を浴びながら話をしています」と。そして教え子たちに語りかけています。「きみたちには、きみたちのそれぞれの戦いがあるはずです。それを考えましょう」と。

　教育相談の現場では、子どもたちの悩みや苦しみ、子どもたちの心の痛みを理解しようとする者が分かち持つ悲しみ、分かり合えないときの葛藤、すぐには解決が見えないことの心細さや困難など、戦いともいえるような平坦ではない場面に何度となく遭遇することと思います。それでも、一人ひとりの子どもの心を理解しようと、言葉に耳を傾け、気配を感じ取り、丁寧に寄り添い、子ども同士の心と心をつないでゆくことは、子どもの人格を健やかに和やかに育み、時には子どもの生命を救うことにつながります。

　すべての子どもたちの未来の真の幸福を目指す道を、本書を道しるべのひとつとして、一緒に歩んでいただけましたら幸いです。

　　　東日本大震災より 4 年目の記念の日に寄せて　　　　　　後藤　智子

目　次

第1章　現代社会における教育相談の意義 …… 2
1. 反省的実践家としての教師 …… 3
2. 話を聴くということ …… 6
3. おわりに …… 9

第2章　教育相談とは …… 13
1. 教育相談とは …… 13
    (1) 教育相談の定義 (13)　(2) 教育相談と生徒指導 (14)
    (3) 教育相談の基本 (16)
2. 教育相談の歴史的経過から学ぶこれからの教育相談 …… 17
    (1) 教育相談の歴史的経過 (17)　(2) スクールカウンセラーについて (20)　(3) これからの教育相談 (20)
3. 教育相談——人と人とが出会う場（臨床教育学に学ぶ）…… 23
4. まとめ …… 25

【コラム 2-1】スクールカウンセラーの活動 (21)
【コラム 2-2】学校生活で必要なソーシャルスキル (23)

第3章　カウンセリングの基礎 (1)：ロジャーズの来談者中心療法 …… 27
1. カウンセリングとは …… 27
2. ロジャーズの来談者中心療法 …… 28
    (1) ロジャーズのパーソナリティ論 (29)　(2) 傾聴の態度 (31)
    (3) 基本的な傾聴のスキル (34)
3. 学校でのカウンセリング・マインド …… 36
    (1) カウンセリング・マインドの意味 (36)
    (2) カウンセリング・マインドの理解を深める (38)

【コラム 3-1】よい聴き方を目指して (40)

第4章　カウンセリングの基礎 (2)：様々なカウンセリング理論 …… 41
1. 認知行動療法から学ぶこと …… 41
    (1) 行動療法的アプローチ (42)　(2) 認知療法的アプローチ (45)
2. 深層心理学から学ぶこと …… 46

　　　　(1) 防衛機制 (47)　(2) 自我の状態 (49)　(3) ユングの分析
　　　　心理学 (50)
　　3．ま　と　め ……………………………………………………… 52
　【コラム 4-1】絵からその人を理解してみよう (53)

第 5 章　心と体の発達と精神病理 …………………………………… 54
　　1．不適応・精神症状の基本的理解 ……………………………… 54
　　2．幼児期・児童期の発達と心の世界 …………………………… 58
　　3．思春期に直面する心性 ………………………………………… 60
　　　　(1) 自分への関心の高まりと他者の目を気にするようになる (61)
　　　　(2) 理想と現実とのギャップ、批判と反抗、そして不安 (61)
　　4．教育相談で出会う様々な精神病理 …………………………… 62
　　　　(1) 精神的な不調の表れ方 (62)　(2) うつ病について (64)
　　5．ま　と　め ……………………………………………………… 65
　【コラム 5-1】子どもにとっての正論と真実 (56)

第 6 章　教育相談の現場 (1)：不登校の理解 ……………………… 67
　　1．不登校の概要 …………………………………………………… 67
　　　　(1) 不登校問題の推移 (67)　(2) 不登校の背景 (70)
　　2．不登校状況への理解 …………………………………………… 72
　　　　(1) 大人の側の反応 (72)　(2) 当事者の体験 (73)
　　3．適切な理解と対応のための視点 ……………………………… 75
　　4．ま　と　め ……………………………………………………… 78
　【コラム 6-1】不登校の A 君① (69)
　【コラム 6-2】不登校の A 君② (78)

第 7 章　教育相談の現場 (2)：いじめ ……………………………… 81
　　1．いじめの心理 …………………………………………………… 81
　　2．いじめの定義の変遷 …………………………………………… 84
　　3．いじめの構造と実態 …………………………………………… 86
　　4．いじめの影響 …………………………………………………… 90
　　5．いじめへの対応と防止 ………………………………………… 92
　　6．おわりに——宮沢賢治の作品に寄せて ……………………… 95

第 8 章　教育相談の現場（3）：子どもの攻撃性と学級崩壊 …………… 98
  1. 子どもの攻撃性とその対応 ……………………………………… 98
  2. 学校における攻撃性への対応――「学級崩壊」を例に挙げて … 100
    (1)「学級崩壊」とは（100）　(2)「学級崩壊」の原因とその変遷
    (101)　(3)「学級崩壊」への対応（104）
  3. 攻撃性の問題を予防し好ましい行動を増やす
        ―― PBIS による実践 ……………………………… 106
    (1) スクリーニングの実施（106）　(2) 好ましい行動を増やす働
    きかけ（107）　(3) 行動を集計しデータ化する（108）　(4) デー
    タを活かして支援する（109）

第 9 章　教育相談の現場（4）：児童虐待の理解 …………………………110
  1. 虐待の実態と背景 ……………………………………………… 110
    (1) 虐待とは（110）　(2) 虐待相談の実態（111）
  2. 虐待を受けた子どものサイン――心と行動の問題 …………113
    (1) 虐待による心理的影響（113）　(2) 虐待の種別による影響
    (115)　(3) 虐待の影響を左右する要因（116）
  3. 虐待への対応の様々な視点 ……………………………………116
    (1) 虐待を疑う（117）　(2) 虐待への対応の概要（118）
    (3) 対応のポイント（120）　(4) 校内連携と校種間連携（121）
  4. 学校におけるケアと援助 ………………………………………124
    (1) 子どもへのケア（124）　(2) 養育者へのケア（124）
    (3) 教員自身のケア（125）
  5. ま と め ………………………………………………………126
【コラム 9-1】早期発見の視点を連携（118）
【コラム 9-2】思春期の子どもとかかわる（123）

第 10 章　教育相談の現場（5）：発達障害の理解 …………………………128
  1. 発達障害とは ……………………………………………………128
  2. 特別支援教育 ……………………………………………………130
  3. 発達障害の概観 …………………………………………………131
    (1) 学習障害（132）　(2) 注意欠陥多動性障害（134）

　　　　(3) 広汎性発達障害 (136)
　　4. 指導・訓練の前にもっと大事なこと …………………………141
【コラム 10-1】スクールカウンセラーからみた特別支援教育 (140)

第 11 章　アセスメントと情報の共有 ……………………………143
　　1. アセスメントとは　…………………………………………143
　　2. アセスメントのための着眼点　……………………………144
　　3. 教育相談で役立つアセスメント・ツール　………………146
　　　　(1) アセスメントと心理検査 (146)　(2) 心理検査の特性 (147)
　　　　(3) 教育相談で役立つ心理検査 (148)
　　4. アセスメントの姿勢・着眼点　……………………………151
　　　　(1)「できないこと」(短所) と「できること」(長所) の両面を (151)
　　　　(2) 本人の体験のしかたに目を向ける (152)　(3) 言葉を大事に
　　　　しつつ、言葉にとらわれないこと (154)

第 12 章　親・教師への支援：危機後の子どもへの支援を例に ………157
　　1. 支援する人を支える　………………………………………157
　　　　(1) はじめに (157)　(2) 親・教師を支援する理由 (158)
　　2. 危機後の支援　………………………………………………161
　　　　(1) A 子さんの事例 (161)　(2) 親・教師への危機後支援 (162)
　　　　(3) トラウマ後の典型的反応 (166)
　　3. まとめ──親や教師の主体性を尊重する　………………168
【コラム 12-1】酸素マスクの装着順序 (161)
【コラム 12-2】よい対処法のアドバイス (165)

心とふれあう 教育相談

Chapter 01

現代社会における教育相談の意義

　生命の営みの中で、様々な遺伝情報が世代を越えて伝達されてゆきますが、私たち人間においては、言葉や文字、さらには物語の形式も用いて、情報の伝達が行われるようになり、私たちの心の世界は豊かな広がりをもつようになったのです。ギリシャ神話のプロメテウスの火に象徴されるように、私たちは、豊かになった文化や知識、技術の恩恵を享受するようになりましたが、その一方で、言葉や知識、文化や技術の伝達や行使の中で、憂うべきことにお互いが傷つけあい、害するような現象も生じてきています。

　農学校の教師でもあった宮沢賢治は、その授業の中で、"幸福な記憶を細胞に伝えることの大切さ"について語ったといわれています（畑山・狩野、1999）。教職の傍らで物語を執筆していた賢治の授業もまた、科学についての活きた知識がまるで目にみえるような"語り"すなわち心の領域に届く"物語"として、伝えられていたようです（畑山、1992）（それはあたかも、深層心理学者ユングの無意識論を賢治が知っていたかのようです）。

　私たちが今生きていることは、祖先・先祖からの記憶の贈り物を手がかりにしながら、お互いに今をより良く生きて、次の世代に"幸福な記憶"の物語を手渡すためであるともいえるのではないでしょうか。そのために、教育という営みがあり、心の成長や発達についての心理学という学問があるのではないでしょうか。

　この章では、教育相談という営みの意味について、教師と子どもたちとの関係性という視点から、考えてみたいと思います。

1. 反省的実践家としての教師

　教育とは、生物学的な存在としての"ヒト"が心理社会的存在として、そして実存的存在としての"人間"になるために、大切な営みといえるでしょう。教師がどのような存在として、成長期の子どもたちに相対するか、ただ専門的知識を伝達し、"教える"技術的熟達者（technical expert）としてのみではなく、子どもたちと対話し、"育くむ"反省的実践家（reflective practitioner）としても、彼らと対峙し、彼らとの関係性を醸成する中で、彼らの潜在的な力を引き出し、様々な問題や課題をともに乗り越えてゆくことが、大切であるといえるでしょう。

　教育とは、英語では education と表記されますが、語源を辿るとラテン語の ex＋dūcō すなわち、引き出す・導くなどの意味をもちます。では、教育において、教師は子どもたちの何を、引き出すのでしょうか？　教育学者の林竹二の凄みを感じさせる実感のこもった言葉を紹介しましょう。「子どもは、たいへんなたからものを……『ふかく蔵して』いる……ほんとうに子どものもっているものは、ものすごく大きく、底の知れないほどふかいもの（下線筆者）がある……しかも、それは、教師がそれを引き出さないかぎり、姿を現さない……それを辛抱づよい努力でさがしあて、掘り出さないかぎり、それは目に見えるものにならない」と断言しています。また林は、授業とは「子どもたちだけでは到達できない高みにまで、自分の手や足を使って登って行くのを助ける」仕事である、と述べています（林、1977）。このことは、教科指導のみならず、人格育成においても、教師の本質的な仕事として、重要な意味づけと考えられましょう。この珠玉のような教育観・子ども観〜子どもは宝を蔵している〜は、技術的熟達者であると同時に反省的実践家である、多くの優れた教育の先人の思想にみられます。

　国語教育の大先達である大村はま（2005）は、戦後の焼け跡の荒廃した教育現場において、学校を辞すことも考えた若い時期があったとのことです。子どもたちは、肉親や友人や親しい人々を亡くし、家や大切なものを失い、すさん

だ大人の姿を目の当たりにし、幼い心は傷つき荒れたままであったことでしょう。教室代わりの体育館は、百人もの子どもがひしめき、飛び上がったり、騒いだり……大村は「静かに」と声をかけながらも、無力感にうちひしがれていたと想像されます。迷いの極みに、大村は恩師に「本当の教師になるときかな」との言葉をかけられ、疎開中の荷物を包んだ古新聞が残っていたことを、賜りもののように思い出したといいます。それをもとに、百人分の国語の教材を作成し、走り回る子どもを一人、また一人と抱きとめては、「これ、おやり」と、ちびた鉛筆と手製の教材を渡してゆきました。やがて、「おれにくれぃ」という子どもも現れ、子どもたちは列をなして静かに待つようになりました。喧騒のようだった教室が少し静まり、子どもたちが思い思いの場所で、ちびた鉛筆の芯をなめながら一生懸命に教材に取り組むその真剣なまなざしを観た時、大村は胸を打たれたといいます。

「何というきれいな、澄んだ、清らかな、さわやかな顔で、目で、その新聞紙を読んでいることでしょう……ああ、人間の子どもは、よいものとか、高いものとか、とにかく学べるもの、自分がより人間らしくなるものを見た場合、どんなにそれに引かれて、そこに行きたいと思って、やれと言われなくても知らない間に、こんな美しい顔をするものなのか……」と泣いてしまった……と述べられています。このように、どのような荒れた環境にあっても、子どもたちは、学べるもの、人間らしくなれるものに"引かれて"、よいものを求める人間の人間らしさが発動してくる、ということを、大村の経験は深く教えてくれているように思われます。また、そこには、大村が、限界のある教育環境であっても、子どもたちのために何かためになることを、と突き詰めて考え、子どもたちを一人ひとり、ぎゅっと抱きしめた、その心が、子どもたちに伝わったのではないでしょうか。

それから大村は、<u>「人間を人間にする、人間を人間と思って大事にする」</u>（下線筆者）という気持ちになり、子どもがどんな悪いことをしたり、暴れたりしていても、涙こそ湧け、何をしているのか、などというようなことはいえなくなった、と述べています。それは、大村が、子どもの姿を表面的にとらえるの

ではなく、荒れる子どもの哀しみとともに、子どもの"ものすごく大きく、底の知れないほどふかいもの"を心の眼でとらえることができたからではないでしょうか。

　大村はそのまなざしを生涯にわたってもち続け、晩年に「優劣のかなたに」という詩を残しています。その詩は、「優か劣か　そんなことが話題になる、そんなすきまのない　つきつめた姿」というフレーズから始まっています。この"すきまのない　つきつめた"雰囲気の教室では、「優か劣か、自分はいわゆるできる子なのか　できない子なのか」という思いに、子どもたちは心をぎゅっと縮こまらせて、自分をのびのびと表現することが難しくなっているのではないでしょうか。狭いケージに鳥を閉じ込めておくと、やがて鳥同士がつつき合いを始めるということですが、そのような状況が、狭い教室や学校の中で、生じてくるのは避けられないように思われます。戦後の教育の混乱期から、やがて到来する高度経済成長期と進学率の上昇、さらに不登校やいじめ、暴力や自殺という痛ましい現象が子どもたちに現れる時代を通して、教師として子どもたちを見守り続けてきた大村は、「優か劣か……そんなことを　教師も子どもも　しばし忘れて、学びひたり　教えひたっている」、そんな世界を見つめ、一筋の道を目指してきたのです。「持てるものを　持たせられたものを出し切り　生かし切っている、そんな姿こそ。……ほんとうに　持っているもの　授かっているものを出し切って、打ち込んで学ぶ。……優劣を忘れて　ひたすらな心で、ひたすらに励む」子どもたちと教師。……そのような教室では、子どもはいわば、一人ひとりが"宝を蔵する"存在として相互に認められ、近年"スクールカースト"と称されるような子ども同士の上下の関係も、作り出された学力格差もなくなるのではないでしょうか。

　大村は、「(話し合いは、)誰かが誰かをバカにしている教室では、どんなふうに教えても、どんなふうに指導しても、できません……バカにしている人の発言を心をこめて聞くなどということはできはしません。また、バカにされていると思っている子が発言するわけがありません。」という厳しい言葉を残していますが、大村自身が、子どもの発言を心をこめて聴くということに、真摯で

あったと想像されます。

　教師も子どもも「教えひたり　学びひたる」世界を目指す教育を説いた大村は、その教え子の刈谷（2007）によって「ことばの人……ことばを愛し、ことばを育て、ことばに対して誠実だった」と評されています。教育者として戦争に加担した苦い思いから、「ほんとうの話し合いのできる人を育てたい、心をひらいて、対立があっても、問題が大きくても、……話し合うことに絶望しない人であってほしい」という思い、"生徒を一人前の言語生活者に育てたい"という願いが、大村の実践の軸にあったと言われています。相手の言葉を心をこめて聴く話し合いを通して、「相手を知れば、それほど簡単に憎んだり戦争をしたりすることができるはずがない」という大村の想いは、ともすると、相手の心を深く傷つけるような言葉や行動が行き来する、現代の学校現場において、耳を傾けるべき、重要な示唆を含んでいるのではないでしょうか。

2. 話を聴くということ

　青森県岩木山の麓で、長きにわたり、"森のイスキア"という、心疲れた人を受け入れる居場所があります。そこを主宰する、元小学校教師でクリスチャンの佐藤初女は、「人は、受け入れられたと感じたとき、大きな癒しとなります」、「受け入れるとは、答を用意しないこと」だと述べています（佐藤・木戸、2006）。心を籠めて丁寧に作られた食事とともに、黙って心痛む人に寄り添い、話に耳を傾け、その想いを沈黙のうちに深く静かに受けとめる佐藤の姿に、自殺を思いとどまる人や、心の傷から立ち直る人が少なからずいるという現実は、心をこめて相手のことばを聴くということが、どれだけ、人の存在を確かに肯定し、生きる力を引き出すものであるかを教えてくれます。佐藤の沈黙と、そこから発される言葉には、人間の成長する力、変容の時を信じて待つ、存在の奥底からの力と深みが感じられます。

　筆者がスクールカウンセリングに携わり始めた2000年頃以降、実感として、経済状況が悪くなると、不登校が増えるようだ……と感じることがたびたびあ

りました。母親が2つも3つも仕事を掛けもちし、昼間に加えて朝も夜も働かざるをえない状況になるなど、親子の触れ合いの時間が減り、疲れ果てて子どもの話を聴いてやれない……と悩む母親の面談が急激に増えたと感じたのです。それでも、時間を割いて学校にカウンセリングに来てくださることに感謝しつつ、あまり休むと仕事を失うかもしれない……と不安を訴える母親の板挟みの想いに胸を痛める状況は、今でもあまり変わっていないように思います。その後も、子どもの貧困の問題は深刻化の一途を辿り、2014年1月には「子どもの貧困対策法」が施行されるに至りました。不登校や高校中退と貧困の連鎖の現実を綴った、元高校教師の青砥 (2009) は、退学していった生徒からの聴き取りを通して、文字に親しむ機会や、何かに感動するという文化的な体験、励ましや褒め言葉に恵まれないで育った場合が多いという、文化的な貧困ともいえるような状況について報告しています。少なからず、貧困に悩む子どもたちは、虐待や暴力、いじめなどの被害を受けながら、不登校になれば、能力があっても学力や社会性が身に付かず、学習意欲も育たないまま、高校にせっかく進学したとしても退学を選ばざるをえず、不安定な仕事にしか就けず、苦境を支えてくれる人や書物、人生を支えてくれる言葉との出逢いにも恵まれず、場合によっては保護者とも連絡が取れず、貧困の再生産が続いてゆく……という困難な現状が、日本中に広がっているのです。

　子どもたちにみずみずしい"感動する心"を育むことは、教育の大切な努めであると言えましょう。科学者でありエッセイストでもあるR.L.カーソンは、"センス・オブ・ワンダー〜神秘さや不思議さに目を見はる感性"を子どもたちの幼い心に育むことの大切さを、その晩年の美しいエッセイで述べています (1996)。1964年に亡くなったカーソンは、この"センス・オブ・ワンダー"は、やがて大人になるとやってくる倦怠や幻滅、……つまらない人工的なものに夢中になることなどへの解毒剤になってくれるのだ、と、まるで、現代の子どもたちの置かれている状況を予言するかのように警告を発しています。そして、この不思議を感受する心を育むためには、熱心で繊細な子どもの好奇心に寄り添い、世界のよろこびや感激、神秘などを子どもといっしょに再発見し、感動

を分かち合う大人の存在が必要である、とカーソンは私たちに語りかけています。古代ギリシャの時代より、"驚き（タウマゼイン）"は哲学のはじまりである、と考えられていますが、感動し、不思議さを味わう心から、知恵を愛し求める心、知的好奇心や探究心、学びへの、さらには生きることへの動機づけが育まれるのではないでしょうか。

　全国学力調査の結果を分析した、文部科学省の委託調査（2009）では、学力と年収は比例傾向にあるものの、年収が同レベルの場合、「小さい頃に絵本の読み聞かせをした」家庭の子どもは成績が良かった、という結果が示されています（朝日新聞 2009 年 8 月 5 日付）。これは、絵本の読み聞かせが成績の向上につながる、というような短絡的な話ではなく、絵本をともに味わい楽しみ、語り合う親子の日常においては、ことばの力やみずみずしい感性、お話に耳を傾ける心が豊かに育まれるということを示しているのではないでしょうか。

　脇（2008）は、子どもが物語を読んだり、読んでもらったりすることの意味について、心理学者 D. ゴールマンの「情動の知性」という概念を引き、興味深い指摘をしています。すなわち「情動の知性」とは人間が自らの情動を認識し、必要に応じてコントロールし、特に不快な感情が破壊的な結果へと広がらないようにする、情動の制御能力であること、そして物語には、心の成長に不可欠な不快な感情を子どもたちに体験させてくれる役割がある、と指摘しています。物語の世界は、多様で複雑な、特に不快な感情体験を、守られた安全な形で味わい乗り越えることを、子どもたちに体験させてくれる、大切な心の居場所になるといえるでしょう。絵本の読み聞かせには、そのような複雑で多様な感情体験を、大人もともに味わい、共有することによって、その感情体験を子どものみならず大人もまた、心の糧にするプロセスを助けてくれる働きがあるのではないでしょうか。筆者も、教職科目の授業などにおいて『さっちゃんのまほうのて』（たばたせいいち・先天性四肢障害児父母の会）の読み聞かせをすることがあります。"自分だけが他の子どもと違う"と感じる女の子の心の痛みと成長のお話は、誰の心にもある、"自分とは何者なのだろう"という孤独や痛みを呼びさますとともに、子どもが自分固有の存在の意味に気づき、他者との共同

世界をともに生きてゆく道筋を、示してくれているように思うのです。そして、多種多様な物語に耳を傾け、その中の言葉や登場人物の感情や情緒をじっくりと心で味わいながら成長した子どもは、長じてから、自分や他者の心の声に耳を澄ませながら、世の中の様々な問題と苦闘しながらも、他者とともに解決してゆく力を養ってゆくのではないでしょうか。

3. おわりに

　福田(2009)によると、近年、国際学習到達度調査(PISA)で注目されているフィンランドの教育においては、子どもたちは、授業だけでなく、カウンセリング、健康、食事、特別なニーズの教育などにおいても公費負担を受けて、すべての子どもに同じ最高の質のものが提供されているといいます。また、教師は、情報伝達者や講義者ではなくて、助言者であり学習案内者であり、子どもたち一人ひとりの違いに対応しながら、人間としてふさわしい学びを子どもたちが実現できるように支援している、と報告されています。教育の機会均等については、また、経済協力開発機構（OECD）によるPISAの分析（2012）によると、「親の職業と子どもの成績には密接な関係がある」とされながらも、「日本とフィンランドは、親の職業に関係なく、同じ教育を受ける機会があるのだろう」という結果が報告されており、それについて佐藤学は「学校と教師の献身的な努力の成果」とコメントを寄せています（朝日新聞2014年3月13日）。日本の教師が、長時間にわたり、多忙の中で、大人数の子どもたちとの触れ合いを精一杯に大切にし、教科の指導に加えて子どもたちへの様々な指導や相談に奮闘する日常の姿が彷彿とします。

　"学校に来るのは、みんながハッピーになるためだ"と子どもたちに体当たりで向かい合う金森学級で小学校3～4年生を過ごした少年の言葉があります。「教室では、先生がキャッチャーで、子どもがピッチャーやねんて。……金森先生は、<u>最後まで聞いてくれる</u>。直球じゃなくて、フォークとかカーブとか投げても、……自分の要求したボールと違ってもバシンって捕ってくれるね

んて。……金森先生やったら、<u>ずーっと信じて見てくれとる</u>から。もしも違っても、最後には体で受けとめてくれる、そんな感じやから。人を信じてくれるっていうか」(金森、2005　下線筆者)。この少年の言葉は、子どもたちの言葉に最後まで耳を傾けることのできる教師が、実は、子どもたちが期待するよりは少ないのだ、という現実を暗に含んでいるのではないでしょうか。金森学級においては、学級の目標などが掲げられる黒板正面の上のスペースには、「手紙」(鈴木敏史作)という詩が掲示してあったといいます。「ゆうびんやさんが来ない日でも　あなたにとどけられる　手紙はあるのです」というフレーズで始まり、雲のかげも、たんぽぽのわた毛も、のらねこの声も、ゴミ集めの人のひたいのあせも……「みんな手紙なのです　読もうとさえすれば」と締めくくられるこの詩は、金森による子どもたちへのメッセージでありますが、より深読みをするならば、子どもたちの一つひとつの言葉や行いなどの表現は、読み解こうとすれば、すべて教師への手紙なのである、とも受け取れるのではないでしょうか。金森は、「聞き合う仲間がいれば、聞き合う場があれば、豊かに受け止める大人がいれば、多くの子どもたちは、おもしろいほどに自分を語る」と述べています。金森学級においては、聞き合う仲間がいて、豊かに受け止める大人がいます。だれか一人の子どもがハッピーでなくなると、クラス全員の子どもがハッピーではなくなってしまうからなのです。

　たった一人の教師の、たった一言の褒め言葉が、人の心を救い、その人生を変えることがありました。「教師は、すべての生徒を愛さなくてはなりません。一人だけを暖かくしても、一人だけ冷たくしてもいけないのです。目立たない少年少女の中にも平等の愛される権利があるのです。むしろ目立った成績の優れた生徒よりも、目立たなくて覚えていなかったという生徒の中に、いつまでも教えられた事の優しさを忘れないでいる者が多いと思います。忘れられていた人間の心の中には一つのほめられたという事が一生涯くり返されて憶い出されて、なつかしいもの、たのしいものとしてあり、続いていて残っているのです」。この手紙の文章は、かつて死刑囚であった島秋人(ペンネーム)という人が、ある若い高校の教師に宛てたものです。秋人は、戦後の貧困の中、学校で唯一

褒められた思い出として、当時の図工の先生に「クラスで一番構図がよい」とほめられたこと、家庭の事情による休学の際に慰め励まされた嬉しさを獄中で思い出し、文通を機縁にその令夫人より歌の道に導びかれました。教育相談とは、その時だけではなく、一生涯にわたり、子どもたちを支え励まし導く、大切な教育実践でもあるのです。
　一人ひとりの子どもに丁寧に関わり、すべての子どもたちの深く蔵された可能性を引き出す教育の場を整えるために、子どもたちがお互いを人格として尊重し、生き生きと学び過ごせる学校生活のために、教育相談という人格形成の営みがあると考えます。子どもたちが日々成長してゆく学校現場には、さまざまな問題が生じます。私たち人間は、間違えることもありますが、過ちから学ぶ存在であるともいわれています。「神様でさえまちがう世のなか　ましてこれから人間になろうと　している僕らがまちがったって　なにがおかしいあたりまえじゃないか」「まちがった意見を　まちがった答えを　ああじゃあないか　こうじゃあないかと　みんなで出しあい　言い合うなかで　ほんとのものを　見つけていくのだ　そうしてみんなで　伸びていくのだ」（蒔田、2004）。困難な時代ではありますが、問題解決者としての私たち人間は、「自分でさまざまな新しい目標を自由に作りだし、それに向かって進むための、すばらしい心理的能力（希望）を発揮できる存在」（安西、1985）であるといわれています。次世代を担う子どもたちとともに、私たちの生きる社会がよりよい記憶を次の社会に伝えることができるよう、希望と意志をもち続けて、教育相談について、教育相談を通して、ともに学んでまいりましょう。

（後藤　智子）

＊引用・参考文献
　畑山博・狩野富貴子　1999　けんじ先生　宮澤賢治・幸福の授業　PHP研究所
　畑山博　1992　教師宮沢賢治のしごと　小学館
　林竹二　1977　教育の再生をもとめて　湊川でおこったこと　筑摩書房
　苅谷夏子　2007　優劣のかなたに　大村はま60のことば　筑摩書房

大村はま　2005　忘れえぬことば　小学館
佐藤初女・木戸俊久・原年永　2006　はつめさんのおむすび　木戸出版
青砥恭　2009　ドキュメント高校中退―いま、貧困がうまれる場所　ちくま新書
R.L.カーソン　1996　センス・オブ・ワンダー　新潮社
脇明子　2008　物語が生きる力を育てる　岩波書店
福田誠治　2009　フィンランドは教師の育て方がすごい　亜紀書房
金森俊朗　2005　希望の教室　金森学級からのメッセージ　角川書店
島秋人　2004　愛蔵版　遺愛集　東京美術
蒔田晋治・長谷川知子　2004　教室はまちがうところだ　子どもの未来社
安西祐一郎　1985　問題解決の心理学―人間の時代への発想　中央公論社

教育相談とは

 みなさんは教育相談、あるいは"相談"というものをどのようにイメージしているでしょうか。悩み事がある人の話を聞いて助言し、問題の解決に導く……そんなイメージでしょうか。カウンセリングについてのイメージを大学生に尋ねたところ、「やさしい」「あたたかい」といった好意的な印象の他に、「怖い」「信用できない」「話したくない」といった回答が寄せられました。相談に訪れる人は、うまく話せるだろうか、わかってもらえるだろうか、厳しく批判されたりしないだろうか、といった不安を感じているものです。また、一般論や世間話ではなく"自分のことを話す"ことに抵抗を感じる人も多いものです。
 特に子どもたちの話を聞く教育相談では、言葉にされた相談内容だけでなく、こうした不安・緊張に配慮が必要です。正しいアドバイスをしたつもりでも、強めの言い方が子どもを萎縮させ「もう相談に行きたくない」と思わせてしまうこともあります。知識や情報だけで相談に応じるのではなく、相談を受ける側の態度や価値観も問われてくるのです。
 本章では、まず教育相談の基本的な概念や歴史的な経過を見ながらその理解を深めていきます。その上で、相談される側としてさらに考えておきたいこと、身につけておきたい姿勢などに触れていきます。相談に応じることの重みを十分に意識しておきましょう。

1. 教育相談とは

(1) 教育相談の定義

 教育相談は「一人一人の子供の教育上の諸問題について、本人又はその親、教師などに、その望ましい在り方について助言指導をすること」(文部省、

1981）と定義されます。その内容としては、①学業相談、②進路相談、③適応上の相談（生活の相談、親子関係の相談など）、④成長発達期に特有な問題（思春期・性など）、⑤問題行動（いじめ、不登校、非行など）に関する相談、⑥精神的疾患などを抱える生徒の相談、⑦保護者相談（石川・藤井、2010）など多岐にわたります。

　教師によって学校内で行われる相談（これを学校教育相談と呼ぶこともあります）が教育相談の中心ですが、地域の教育センターなどに行って臨床心理士などの専門家に相談することも教育相談と呼びます。実際の学校現場では、「これは教育相談である」と教師や児童生徒が意識しなくても、日々の学校生活の中で広く教育相談は行われています。教育相談と大きく重なる概念として、スクールカウンセリングという用語も使われます。これも教師が担うものとする立場があり、従来はほぼ同義と言えるほど重なる部分が大きいものでした。近年では、スクールカウンセラーの派遣が増えた経過とともに、臨床心理士などのスクールカウンセラーによる相談をスクールカウンセリングとして、教育相談と呼び分けることもあります。

(2) 教育相談と生徒指導

　「教育相談は、生徒指導の一環として位置づけられるものであり、その中心的役割を担うものである」（文部省、1990）とされます。ここで、教育相談と生徒指導の関連についても整理しておきましょう。生徒指導は、「一人ひとりの生徒の個性の伸長を図りながら、同時に社会的な資質や能力・態度を育成し、さらに将来において社会的に自己実現できるような、資質・態度を形成していくための指導・援助であり、個々の生徒の自己指導力の育成を目指すものである」（文部省、1988）とされています。教育相談は、このような生徒指導の目的の中に位置づけられるものです。ただし、生徒指導には学級全体の子どもに働きかけるような集団指導の側面と一人ひとりの子どもにかかわる個別指導の側面があり、教育相談は個別指導の意味合いが強いものです。

　子どもたちを集団としてとらえ、同じ方向に導いていくことは教育上必要ですが、人にはそれぞれ性格や能力、体質などで違いがあり、同じ働きかけに同

じように応えるとは限りません。そこで求められるのが教育相談的な個別のかかわりです。例えば、登校に困難を抱えている子がいるとします。遅れて登校し、早めに帰宅する日が続くと、教師の中から「あの子にだけ好きな時間に登校・下校させてよいのか」といった意見が出ることがあります。学校は集団生活の場ですから、集団指導の観点ではこの意見は妥当なものです。一方、個別のかかわりからは、短時間で学校を早退しても帰宅すると疲労困憊の様子で夕食にも起きられないほど眠り続け、朝は時刻通りに起きても登校に伴う緊張のあまり何度もトイレに行くうち遅刻してしまうといった状況が見えたりします。他の子と同じスケジュールをこなすことはできなくても、本人なりに精一杯努力して登校しようとしていることがわかります。こうした側面は、集団指導の姿勢を強くもちすぎると見えにくくなってしまうものです。

　集団指導と個別指導は、単に対象とする人数が違うだけでなく、優先される価値観の所在も違ったものになるのです。学校の規範やスケジュールに合わせることがどうしても難しく、個別の対応を必要とする子どもは少なくありません。集団行動を身につけさせる教育は大事ですが、その子の事情に目を向け、その子に合った課題や目標を見つけてあげることが教育的な場合もあります。

　生徒指導、ひいては教育そのものが集団指導と個別指導の両面をもっていると考えられます。大事なことは、あくまで集団の規範（学校のルール）に合わせるべきだとか、個別指導が望ましいといった二者択一で考えるのではなく、両方の視点をバランスよくもつことです。かつて、良い教育相談担当の教師になるには、まず授業が上手であること、と聞いたことがあります。授業や学級運営などの集団指導がしっかりできているからこそ、教育相談的な個別のかかわりが生きてくるのです。

　集団指導に代表されるような生徒指導と、個別指導を重視する教育相談は「車の両輪」に喩えられます。それは児童生徒への対応方法は変わっても、同じ目標に向かっているという理解があるからです。教育相談の理解を深める上で、生徒指導の２つの側面を知ることはとても大切です。

(3) 教育相談の基本

　学校で行われる教育相談には、児童生徒や保護者からの自発的な相談の他に、年度初めなどに全員を対象に行う定期面接、こちらが何らかの必要があって特定の子を呼んで行う呼び出し面接、家に出向く訪問面接など様々な形があります。廊下でばったり会った時に声をかけ、短時間の立ち話をすることをチャンス面接と呼ぶこともあります。教育相談の形態は様々ですが、だからこそそれらに共通する相談の基本や原則についてこの節で考えておきたいと思います（様々なカウンセリング理論については、第3章、第4章参照）。

　最もシンプルな相談は、情報提供です。進路に関する相談などでは、正確で詳しい情報を教えるだけで、後は児童生徒が自分で考えることが多いものです。しかし、それだけで簡単に解決しない問題の場合はどうしたらいいのでしょうか。

　相談される側としては、相手のためにできるだけのことをして早く解決してあげたいという気持ちになるかもしれません。早く悩みや問題を取り除いてあげることができれば、それにこしたことはないはずです。でも、例えば勉強ができないという相談を受けても、代わりに宿題をしてあげるわけにはいきません。何かしてあげたいと思っても、何もできない（または、しない方がよい）ことが少なくないのです。とにかくよく話を聞き、信頼関係を維持しながら、焦らずに見守り続けること、これが相談の基本と言えます。

　このように、相談には限界があるということを意識しておかなくてはなりません。カウンセリングでは1回あたり50分程度を区切りとし、それ以上は次回を約束して終わります。何時間もかけて相談しても、やはり1回では解決しないことが多いのです。また、不思議なことに、時間の限界を作ることで逆にその時間内は集中して精一杯考えることができるようになります。また、「話したくなったらいつでも気がすむまで相談にのるよ」などと言う場合と比べてみてください。相手のためを思って言った言葉でも、その通りに実行することはとても難しいはずです。大きく期待させる分、「いつでも気がすむまで」話が聞けなくなったら相手を傷つけてしまいます。無理な約束をしないことも、

信頼関係の第一歩と言えます。

　相談の時間を決めておくことは、長い目で見るとお互いの安心感につながります。時間の他にも、自分の職務上の責任や影響の範囲（校長の許可が必要な事柄もあるでしょうし、他児への説明が必要な場合などもあるでしょう）、能力的・性格的にできること／できないことなど、自分の限界は色々あるはずです。

　前述のように教育相談はカウンセリングよりも様々な形で行われていますから、気持ちに寄り添って親身に相談にのる姿勢をもちつつも、自分にできることの限界をわきまえながら焦らず謙虚な姿勢をもつことが求められます。

 ## 2. 教育相談の歴史的経過から学ぶこれからの教育相談

　教育相談は、新しい概念の導入や子どもたちが呈する問題に影響を受けながら、少しずつその重点の置き方を変えてきました。次に、教育相談がどのような歴史的経過をたどってきたのか、主に文部省（1990）を参考にしながら概観しておきます。

(1) 教育相談の歴史的経過

　生徒指導や教育相談という概念が日本の教育に広く導入されたのは第二次世界大戦の後ですが、戦前の萌芽的動向としては、欧米から心理学の知見や知能検査などが紹介されるにつれ、公立・民間ともに子どもに関する相談機関が設けられるようになっていました。例えば、アメリカで知能検査等を学んだ久保良英は1917（大正6）年に東京で「児童教養研究所」を設立し子どもの様々な相談に応じています。また、大阪市立児童相談所、東京府立少年職業相談所（当時）などがこうした時期に開設されています。

　戦後（1940年代後半）、軍国主義的教育を排除し民主主義の原理に立つ教育が求められるようになり、その中でアメリカからガイダンス理論（Guidance & Counseling）が紹介されました。この「ガイダンス」が一般に「生徒指導」と訳されました。1947（昭和22）年には児童福祉法が制定され、各都道府県に

児童相談所が置かれて、18才未満の子どもを対象に様々な相談が行われるようになりました。また、公立の教育相談所も各地で設置されました。

　1950年代になると、学校内で教育相談室が作られたり、教育相談担当の教師がカウンセラー的な役割を果たしたりするようになります。ただ、この時期は問題傾向をもつ児童生徒を早期に発見し指導するという面が重視され、いわば「専門機関の縮小版」と言えるような状態でした。つまり、専門機関の行う臨床的な手法をそのまま取り入れて、相談室で週1回の面接や心理テストによる助言が中心だったのです。また、この当時新たな理論として注目されたロジャーズの非指示的カウンセリング（後に来談者中心療法と名前を変えます）の考え方が広まり、受容・共感的に来談者である児童生徒の訴えを聴くことが強調されました。したがって、教育相談＝カウンセリング（イコール）という傾向が強い時代だったといえます。カウンセラーの資格や組織はまだなかったので、その結果、教育相談はカウンセリングの研修を受けた一部の相談担当教師が担うものという認識が強まります。また、児童生徒への対応方針や相談内容の秘密保持をめぐって、相談担当教師と他の教師との間で溝が生じることもありました。

　やがて、1960年代から1970年代になると、問題傾向をもつ児童生徒の指導だけでなく、広く児童生徒の自己理解や自己実現の援助という積極的な機能を生かそうとする試みが生まれてきます。また、「教師カウンセラー論」が唱えられるようになり、「教師は、教師であると同時にカウンセラーでもなければならない」という論調が目立つようになりました。文部省（1971）の「中学校におけるカウンセリングの考え方」には、「学校の教師はすべて、なんらかの意味でカウンセリングに関係すると思われる」との記述が見られます。そして、文部省（1972）の「中学校におけるカウンセリングの進め方」に見られるような、カウンセリングとは「すべての教師が生徒と接触するあらゆる機会に必要な基本的な指導の理念ないし態度の問題として取り入れ、あらゆる教育活動の実践の中に生かすべきものとして、広義に解することがたいせつである」といった幅の広いとらえ方がなされるようになりました。

　しかし、1970年代になると高校紛争の発生や校内暴力の増加に伴い、荒れる

教育現場で求められたのは、生徒の個性や自由を尊重する教育相談的な対応ではなく、秩序と規律を維持するための厳しい指導でした。それまでのようなカウンセリング重視の傾向は弱まりますが、一方で教師の教育活動全般に通じる教育相談的視点として「カウンセリング・マインド」という言葉が使われるようになります。「カウンセリング的な心構え」という意味です。第3章・第4章で説明するように、カウンセリングの理論や考え方には幅がありますが、カウンセリング・マインドという場合は、基本的にロジャーズのカウンセリング理論を中核にしています。ただし、相談を受ける技法だけが重視されることのないよう、文部省（1990）は、①単なる技法を越えた人間としての在り方を問題にしていること、②理解し、理解される教師と生徒との人間関係を作ることを大切にすること、③生徒の自主性・自発性・自己決定力を尊重し、これらを伸ばすための援助としての姿勢を大切にすること、をこの言葉が含む内容として挙げています。カウンセリング・マインドについては、第3章で詳しく取り上げます。
　1980～1990年代には、いじめや不登校の問題が社会で大きく取り上げられるようになりました。いじめによる自殺事件を機に、いじめ問題についての文部省協力者会議（1985年）で「外部からの専門カウンセラー」の導入が緊急提案されたこともあります。教師がカウンセリング・マインドを身につけるだけではなく、より専門の心理的対応を求めたのです。しかし、予算の問題と、専門カウンセラーの受け皿がないため実現しませんでした。1990年に日本臨床心理士資格認定協会が文部省（当時）の公益法人となり、公的に文部省として協力を要請できる組織ができます。そして1995年に「スクールカウンセラー活用調査研究委託事業」として、公立中学校を中心にスクールカウンセラーの派遣が開始されました。初年度は全国で154校への派遣でしたが、これが年々拡大し2000年度には小学校・中学校・高等学校合わせて2,250校への派遣につながります。
　2001年度以降は「スクールカウンセラー活用事業補助」と名称を変え、各都道府県等がスクールカウンセラーを配置するための経費補助を国が行っています。全国の公立中学校への配置を目指しつつ、公立の小学校や高等学校等への派遣も進められており、災害や事故等の場合には、都道府県等の要請に応じ

てスクールカウンセラーの緊急派遣も行われています。

(2) スクールカウンセラーについて

　児童生徒の臨床心理に関して高度に専門的な知識および経験を有する者として、臨床心理士などがスクールカウンセラーとして学校に派遣されています。スクールカウンセラーは、次のような活動を行っています。
　①児童生徒に対する相談・助言
　②保護者や教職員に対する相談（カウンセリング、コンサルテーション）
　③校内会議等への参加
　④教職員や児童生徒への研修や講話
　⑤相談者への心理的な見立てや対応
　⑥ストレスチェックやストレスマネジメント等の予防的対応
　⑦事件・事故等の緊急対応における被害児童生徒の心のケア
　このように、スクールカウンセラーの配置が進められてきましたが、多くの場合は1校あたり週に1日程度の非常勤という形態です。児童生徒や保護者にとって相談できる時間が短いことや、教職員とスクールカウンセラーとの連携が十分にとれないという問題が指摘されています。連絡役やコーディネーターの教師を決めるなどしてお互いに信頼関係を築き、協力し合っていくような体制作りが求められます。
　スクールカウンセラーは学校での教育相談を支援するもので、教師の果たしてきた役割を完全に肩代わりするものではありません。教育相談の担い手として教師が果たす役割は依然として大きいのです。

(3) これからの教育相談

　歴史的経過を見ると、教育相談は時代や社会の変化に合わせて少しずつ重点の置き方を変えてきたことがわかります。では、今後の教育相談はどのような方向に向かっていくのでしょうか。
　一つは、教育相談の機能を拡大させてとらえる考え方があります。問題が起

【コラム 2-1：スクールカウンセラーの活動】

　スクールカウンセラーの活動は、派遣される学校が何を求めているかによって異なります。相談業務を多く頼まれる学校もあれば、担任や養護教諭と保護者との関係が強い学校では、スクールカウンセラーへの相談申込がほとんどない場合もあります。また、専用の相談室がなかったり、職員室にも机が用意されていなかったりといった場合もあります。そういった場合には、管理職や特別支援コーディネーターの先生とまずは話し、どのような役割がスクールカウンセラーに求められているかを伺ってみることが大事です。

　筆者が派遣されたある小学校では、比較的、スクールカウンセラーの活動が学校側に根づいており、学校へ赴くと、まずは特別支援コーディネーターの先生との予定確認から業務が始まりました。主に保護者からの定期的な相談が4、5件入っており、多い時には給食を取る時間も削られるほど、保護者面接の予約が入ることもありました。そこでは主に、児童についての相談（不登校、いじめ、子育て等）や、担任との関係などが話されました。時にはご自分についての相談も話されることはありますが、基本的には児童の学校生活がよりよいものになるようサポートすることが保護者面接の主軸となります。そして、比較的予定に余裕がある時には、あらかじめ特別支援コーディネーターの先生が担任から希望を聞き、気になる児童が在籍する学級に行って授業参観をしたり、給食を職員室ではなく各学級に行って食べたりして、児童が集団の中でどのような行動を取ったり、どのような役割を望んでいるか、もしくは担わされているかなどに対する理解をスクールカウンセラーなりに深めていきました。

　中休みや昼休みには相談室を開放し、児童たちと何気ない話をしたり、ときには何気ない話から友人関係や親子関係、自分自身の性格についてなど、継続的な相談へとつながったりする場合もありました。放課後は引き続き保護者面接を行ったり、希望がある場合には児童面接も行ったりしました。そして、先生方の会議や作業が一段落したころに、担任や特別支援コーディネーター、養護教諭、必要に応じて管理職にも参加してもらいながら、気になる児童についての話し合いをしました。

　また、管理職から依頼されて高学年に対し「こころの授業」を行ったり、時にはPTAや地域から依頼されてスクールカウンセラーの活動や子どもの心理について、講演や茶話会などを行ったりしていました。さらに、こういった保護者や児童とのかかわりや、先生方との打ち合わせ以外にも、スクールカウンセラーとしての活動が保護者や児童に浸透するように、派遣日や相談申込の手順などを載せた学年便りならぬ、スクールカウンセラー便りを毎月作成して配布し、直接的、間接的に関係を築く努力をしていきました。

　ただし、上記のことは事前に予定を組んだ範囲内でのことであって、実際に学校現場

> で働くと突発的な出来事が生じることは少なくありません。基本的に週に1回の派遣であるため、学校へ行く度に事態は変遷していることもあります。また、保護者からの新規相談の申込みや、廊下ですれ違った先生からの相談が入ったり、在籍児童に被虐待の可能性があるといって外部の公的機関との危機介入的打ち合わせが入ったりと、その日に学校へ行ってみないと予定がはっきりしないのが実状です。これはスクールカウンセラーの活動が、従来の個人心理療法のように相談室のみで行われるのではなく、スクールカウンセラー自身が相談室である(西谷、2011)といった要因とも関連していると思われます。そのため、筆者は学校それ自体が一つの"箱庭"として、どのように動いているかを意識しながら活動していました。
>
> (西谷 晋二)
>
> *引用文献
> 　西谷晋二　2011　「異人」としてのスクールカウンセラー――臨床心理士として学校に訪問すること　大正大学カウンセリング研究所紀要34号

きてから相談や対応に乗り出すのは、教育相談の「治療・矯正的」側面です。これは狭義の教育相談といえますが、それにとどまらず、問題が深刻化する前にかかわる「予防的」側面を重視する考えがあります。例えば、登校渋りやいじめにつながるような兆候に早い段階で気づき対応することや、年度はじめ・夏休み明けなどの不適応が生じやすい時期にクラス全員の個人面談をして子どもの状態を把握しておくことなどが含まれます。さらに、こうした生徒指導上の問題の有無にかかわらず、積極的にすべての子どもに対人関係やコミュニケーションのスキル(ソーシャルスキル)を教えたり、学習スキルや発達上の課題への取り組み方を教えて成長を促進しようとする「開発的(成長促進的)」な教育相談を提唱する考えもあります。文部科学省(2010)の「生徒指導提要」では、これを「育てる教育相談」と呼び、今後の新たな展開と位置づけています。

　例えば学校生活で必要なソーシャルスキルをコラム2-2に紹介しておきます。こうしたスキルを子どもたちに教えることは、ソーシャルスキル・トレーニング(略してSST)と呼ばれます。

　教育相談の機能を広げていく方向に加えて、より専門性を求める流れもあります。不登校への対応では、児童生徒の状態や必要な支援を適切に見きわめる

> **【コラム 2-2：学校生活で必要なソーシャルスキル】**（小林ほか、2008）
>
> ①人間関係についての基本的な知識（友達の遊びに加えてもらったり、仲直りをしたりするにはどうすればよいか、など。人間関係に関するルールやマナーについて学ぶ。）
> ②他者の思考と感情の理解の仕方（他の人が何を考え、何を感じているのかを相手の言葉や表情、身振りから読み取る方法を学ぶ。）
> ③自分の思考と感情の伝え方（自分が何を考え、どのように感じているのかをつかみ、それを言葉、表情、身振りを使って適切に伝える方法を学ぶ。）
> ④人間関係の問題を解決する方法（対人関係の問題を解決する方法を学び、解決する能力を高める。）
>
> （卯月　研次）

こと、すなわち「アセスメント」を行うことが求められます。一人ひとりの状態を見きわめるには、臨床心理学や精神医学などの専門的な視点が必要です。また、特別支援教育が推進されていますが、これは障害をもつ子一人ひとりの教育的ニーズを把握して、「個別の教育支援計画」や「個別の指導計画」を作成しながら適切な教育を提供しようとするものです。担任教師だけが背負い込むのではなく、医療、心理、福祉などの関係機関との連携を取ることが必要となります。このように、今後ますます教育相談の質や精度を高めることが求められると予想されます。教師が専門知識を増やすだけでなく、スクールカウンセラーをはじめ、学外の関係機関や専門知識をもつ人たちとの協力体制を作ることが重要になってくるでしょう。

　教育相談は様々な側面をもっています。そのあり方を狭く限定してしまうよりも、相談や対人援助の原則を踏まえつつ、柔軟に子どもたちにかかわっていくものと考えた方がよいでしょう。

 3. 教育相談──人と人とが出会う場（臨床教育学に学ぶ）

　教師かカウンセラーかという役割を越えて、教育とカウンセリングに共通する1つの要素に目を向けてみましょう。教育もカウンセリングも、人と人とが出会

い、互いに影響を与える場であるといえます。例えば、教科書や教材さえあれば学校や先生は必要ないでしょうか。本で悩みが解決するなら、カウンセラーはいらないはずです。人が成長したり、変化するには、基本的に人（他者）を必要とするのです。言い換えれば、教師もカウンセラーも、情報や技術だけを児童生徒に提供しているのではなく、自分というトータルな人間性を通して子どもたちにかかわっているのです。子どもの相談に応じる時、子どもは教師やカウンセラーからの答えや助言だけを聞いているのではありません。目の前の大人がどれほど真剣に自分にかかわろうとしてくれているのか、そしてその人が信頼できる人なのかどうかを肌身で感じ取っています。教育相談を担うということは、これまでの自分の経験や価値観、そして人間性が問われることでもあるのです。

　臨床教育学という分野があります。臨床教育学は、教育上の諸問題に、教育学と臨床心理学を統合しながらかかわることを目指します。マニュアル的な理論を問題に当てはめようとしたり、自分という存在を抜きにして理論で片づけずに、個々の問題状況や児童生徒に自分がしっかりと向き合うことを重視します。皆藤（1998）は、教師の事例検討会での一場面を紹介しています。不登校生徒に「登校刺激を出さなかった」という教師に、「なぜ？」と問うたところ、「本にそう書いてあったから」という返事であったそうです。こうした態度は、マニュアルに頼って、問題や自分自身に向き合っていないものといえます。哲学者の中村雄二郎（1992）は、物事を対象化し、同じ方法なら誰でも同じ結果が得られることを目指してきた「科学の知」に対して、「客観性」「普遍性」「論理性」によって「無視し、軽視し、見えなくなってしまった〈現実〉」をとらえ直すことの重要性を説き、これを「臨床の知」と呼んでいます。臨床教育学の基本姿勢であり、教育相談で求められる態度でもあります。個々の現象、問題、子どもを重視し、自分との相互行為の中から意味を読みとり、理解を深めるあり方を「臨床の知」と呼ぶのです。

　問題を呈している子どもがいるとすれば、まずはその子が置かれている状況に目を向け、その子の言葉に耳を傾けます。でもそれだけでは、自分の経験や価値観で情報を取捨選択して単純な結論を出してしまうかもしれません。もっ

と大事なのは、自分が見落としていること、理解が足りないところを謙虚に受け止めようとする姿勢です。これが自分自身に向き合うことになります。和田（1996）は、臨床教育学を説く中で「教育者にとって『問題』とみえる子どもや事態は、教育者がそれまで自明と思ってきた教育者自身の教育のしかたと教育の見方の問題性に気づき、教育（学）自体を自己変革、自己更新してゆく契機とされなければならないのではないか」と述べています。つまり、問題をもつ子どもだけを変える（治す）のではなく、周囲の大人がその子やその問題との出会いをきっかけとして、自分たち自身をかえりみる姿勢をもつことの意義を指摘しています。不登校などの問題では、問題を呈しているのは子ども自身ですが、その回復過程では周囲の大人の考え方も変化し、成長につながることが少なくありません（第6章参照）。

　教師と生徒という関係は、教える側と教えられる側、導く側と導かれる側といったふうに役割が固定されてしまいがちです。子どもが問題を呈する時も、問題があるのは子どもの方であり、教師は指導する側とみなされがちです。そうすると、その関係の中では、子どもは弱くて受身的な立場に固定されてしまいます。子どもの中から主体性や自信、生徒指導で言うところの「自己指導力」を引き出そうとするなら、教師は子どもを指導し、変えようとするだけでなく、教師の側も子どもに教わり、その問題から学ぶ姿勢が必要といえるでしょう。

　臨床教育学は、やや哲学的な色彩が濃く、抽象的に見えてしまうところがあるかもしれません。しかし、教育やカウンセリングのように人間性が問われる場では、とても重要な姿勢を教えてくれています。

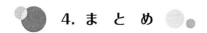
4. まとめ

　最後に、臨床心理学者の村瀬（1998）が「子どもが期待する大人のイメージ」として挙げたことを田中（2006）がわかりやすくまとめたものを紹介します。
　①ばかにしないで真剣に聞いてくれる人
　②受身的な優しさでなく、具体的示唆を様々に提示してくれ、しかも、提示

した方向に進むことを強要せず、考え、試す余地を与えてくれる人
③言行一致の人。自分の内の矛盾を素直に認めて、ことばで言いくるめようとしない人
④ユーモアのセンスがある人。物事をさまざまな視点から眺められる人。いっしょにいるとふっと緊張が解け、安心できる人
⑤ことばだけの指示・対応でなく、時にいっしょに行動してくれる人
⑥待つことができる人。待ちながら、所々子どもの気持ちをくみ取り、すくいあげてくれる人

　本章では、教育相談にたずさわる者として知っておきたい基本的な知識と姿勢を扱ってきました。最後の村瀬の指摘は、それらを具現化したイメージを与えてくれます。次章からの様々な理論や知識を学ぶ前提として、子どもたちに信頼される相談相手とはどんな存在なのかをよく考えてみてください。

（卯月　研次）

＊引用文献

　石川正一郎・藤井泰　2010　エッセンス 学校教育相談心理学　北大路書房
　皆藤章　1998　生きる心理療法と教育　誠信書房
　小林正幸・橋本創一・松尾直樹（編）2008　教師のための学校カウンセリング　有斐閣
　文部省　1971　中学校におけるカウンセリングの考え方　大蔵省印刷局
　文部省　1972　中学校におけるカウンセリングの進め方　大蔵省印刷局
　文部省　1981　生徒指導の手引（改訂版）　大蔵省印刷局
　文部省　1988　生活体験や人間関係を豊かなものにする生徒指導　大蔵省印刷局
　文部省　1990　学校における教育相談の考え方・進め方―中学校・高等学校編　大蔵省印刷局
　文部科学省　2010　生徒指導提要　教育図書株式会社
　村瀬嘉代子　1998　心理療法のかんどころ　金剛出版
　中村雄二郎　1992　臨床の知とは何か　岩波新書
　田中康雄　2006　軽度発達障害のある子のライフサイクルに合わせた理解と対応　学研
　和田修二・皇紀夫　1996　臨床教育学　アカデミア出版会

Chapter 03

カウンセリングの基礎（1）
ロジャーズの来談者中心療法

> 　教育相談を学ぶと、「カウンセリング・マインド」をもつことが強調されます。この言葉は、カウンセラーが身につけるような傾聴の態度や相手を尊重する姿勢を指しています。児童生徒や保護者と人間関係を作り、的確に会話を進める上で、こうした知識を身につけておくことは大いに役立ちます。この章では、カウンセリング・マインドを理解するためにまずカウンセリングの基礎理論について説明した後、学校現場での留意点に目を向けながらその理解を深めていきます。

 1. カウンセリングとは

　カウンセリングとは、主に対話を中心として対人援助をするアプローチの総称です。うつ病や神経症などの精神症状から、学校での不適応、子どもの発達の問題、人間関係や家族関係での悩みなど、相談の内容は多岐にわたります。利用する人の年齢や社会的背景も様々で、子どもや学生から、会社員、育児中の親、そして老年期の方まで各年代の人が相談に訪れます。カウンセリングが提供される場としては、精神科などの病院の他に、子どもに関する相談であれば児童相談所や教育相談所、学校内のスクールカウンセラーなどがあり、大人であれば企業内の相談室や民間の私設相談機関などがあります。また、カウンセリングのやり方・理論はいくつもあります。相手の気持ちに共感しながら親身に傾聴する立場（本章で扱うロジャーズの理論）や、問題となっている行動や考え方を変える手助けを優先する立場（認知行動療法）、無意識というものを想定し、本人すら気づいていない心の奥に目を向ける立場（精神分析や深層心理学）など

が代表的なものです。一口にカウンセリングといってもこれだけの幅がありますし、実際には各種の理論とカウンセラーの個性が相まって提供されますから、カウンセリングの内容や形態は無数にあるといえます。

では、それを前提とした上で、教師がカウンセリングを学ぶ意義は何でしょうか。カウンセリングは、治療的援助のように特殊な場面でしか使わない部分もありますが、人が出会い、互いに理解しようとする場面であれば、日常生活で役立つところも多いのです。学校は、単に知識を提供する場所ではなく、人が人と接し、お互いに影響を与え合いながら成長し、変化していく場所です。カウンセリングの基礎を知ることで、児童生徒や保護者と信頼関係を結び、そして互いの成長につながるような人間関係を作るために役立つヒントが得られるでしょう。

本章では、カウンセリングの基礎理論としてロジャーズの考え方を紹介し、さらに学校での安定した人間関係の基盤作りについて考えていきます。

2. ロジャーズの来談者中心療法

カール・ロジャーズ (1902-1987) はアメリカの心理学者で、カウンセリングの基礎理論ともいうべき「来談者中心療法」を創始・体系化した人です。その考え方のエッセンスをまとめると、次のような点が挙げられます。

① 成長や健康・適応へと向かう個人の潜在力（彼は、これを「実現傾向」と呼びました）を尊重している。

② 知的な説明よりも気持ち・感情を重視する（問題を分析したり、解決方法を助言するよりも、まず相手の気持ちに寄り添うことを優先します）。

③ 過去よりも現在を重視する（過去に原因を求めて昔の出来事に焦点を当てるのではなく、2人が話している今ここでの気持ちや関係に目を向けます）。

ロジャーズの理論は、1950年代頃から盛んに日本の教育界でも取り入れられ、特に教育相談の考え方や技術面に大きな影響を与えました。児童生徒の成

長力を信頼し、受容・共感を主としたかかわりは、教育の理念と合致するところが多いのです。

では、ロジャーズ理論の中で核となる、人格理解のモデルを見てみましょう。

(1) ロジャーズのパーソナリティ論

ロジャーズ理論に基づくカウンセリングでは、傾聴とフィードバックが基本となります。傾聴とは、相手の人が話す内容はもちろんのこと、その人の表情やしぐさ、声のトーンなどの非言語的な手がかりにも注意を向けながら、その人が感じていること、言わんとしていることを受け取ろうとすることです。フィードバックとは、そうして感じ取ったことを相手に言葉で伝え返すことです。できるだけありのままのその人を受けとめ、それを言葉で返そうとするわけですから、「これが原因だろう」とか「もっとこうした方がよい」などの発想や言葉かけは後回しになります。

こうした姿勢の背景には、ロジャーズのパーソナリティ理論があります。キーワードは「不一致」と「自己一致」です。人間は、いつも自分が思っている通りに振る舞っているわけではなく、本音を抑えて、周りの期待や評価に合わせようとしていることがあります。本当はイヤなのに、それを言えずに相手に合わせてしまったり、人前では陽気に振る舞ったけど、実は落ち込んでいたり疲れていたり、などはよくある例でしょう。こうした状態をロジャーズは「自己概念」と「経験」とが「不一致」であると考えました。実際に自分が感じていることは「経験」で、他者の期待と評価に合わせようとする面が「自己概念」です。「付き合いが悪いと思われたくない」「暗いやつと思われたくない」といった、理想としてもっている自己イメージのことです。生まれた時は「経験」だけで、自分の状態や欲求に正直だったはずですが、成長する過程で重要な他者の価値観を取り入れて「自己概念」を形成してくると考えられます。誘いを断らないと友達が増えた、陽気で元気な方が親が喜ぶ、などの体験を繰り返すことで、そういう自分であろうとする自己概念をもつようになるのです。

経験と自己概念をいつも完全に一致させることは難しいのですが、自己概念

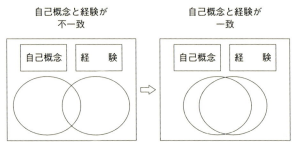

図 3-1　不一致と自己一致

に添った自分を演じていても、少なくとも自分の経験・本音に気づいておくことは大事です（できれば、それを話せる相手がいればもっといいでしょう）。しかし、周りに合わせているうちに、自分の本音が見えなくなってしまったり、自己概念が自分の本音だと思いこんでしまったりすることがあります。自己概念と経験のギャップが大きくなった状態を「不一致」と呼び、それが自信や充実感の低下につながったり、不安感や虚無感を増大させることにつながるとロジャーズは考えました。したがって、カウンセリングでは周囲から認められやすい「自己概念」の方だけでなく、よりひっそりとして表現されにくい「経験」や本音の方も大切に受け取り、尊重することで、「不一致」の状態を小さくして「自己一致」へと近づけていこうとしているのです（図 3-1 参照）。

　学校では、友だちに合わせすぎて、または学校の要求や価値観に合わせすぎて何年も経つうち、徐々に疲弊し、頭痛・腹痛などの体調不良や、学校が怖い・友だちに会うのが怖いなどの状態で登校できなくなった子どもたちによく出会います。何の問題もなく学校に行けていたのに、むしろ勉強も生徒会も部活動も積極的にやっていたのに、急に登校できなくなったように本人も周りも思っています。時間をかけてよく話を聴いていくうち、本当はやりたくないことでも周りの期待を感じて引き受けてしまい、後で苦しい思いをしたり、掃除当番や宿題をサボる人に不公平感と少しの羨ましさを感じつつも、自分ではサボることも休むこともできずに堅苦しい日々を送っていたり、といった本音の部分

が語られることがあります。実際に自分が感じていた気持ちや経験とずいぶん「不一致」だったのだと思います。そうした自己概念に縛られる不自由さ、苦しさの部分こそ、できるだけ丁寧に聴いて、受け取りたい部分です。

　不登校の問題に限らず、このロジャーズのパーソナリティ理論は学校での児童生徒理解に役立ちます。明るく元気に登校し、積極的であれば問題がないわけではなく、無理をして過剰に合わせている子はいないか、先生にも友だちにも本音が言えず、弱音が出せなくなっている子はいないか、などといった視点をもっておきたいと思います。

(2) 傾聴の態度

　ロジャーズは、「パーソナリティ変化の必要にして十分な条件」として、表3-1にあるような6つの条件を発表しました。
　このうち、③から⑤は特に有名で、傾聴の態度としてよく取り上げられます。カウンセリング・マインドの基礎とも呼べる内容ですので、それぞれを詳しく見てみましょう。

①聴き手の自己一致（Congruent）

　聴き手が、自分の感情や経験に気づいていることを意味します。それを否定したり、歪曲したりせず、できるだけ誠実な関係を目指しています。話を聴きながら、自分の気持ちの動きや体の反応などにも注意を向けておき、何か気づくことがあれば、それを意識しておくことです。場合によっては、それを相手

表3-1　パーソナリティ変化の必要にして十分な条件（Rogers、1957：伊東編訳、1966より）

①2人の人間が、心理的な接触をもっていること。
②第1の人（クライエント）は不一致の状態にあり、傷つきやすい、あるいは不安の状態にあること。
③第2の人（セラピスト）は、この関係の中で、一致しており、統合されていること。
④セラピストは、クライエントに対して、無条件の肯定的な配慮を経験していること。
⑤セラピストは、クライエントの内部的照合枠に感情移入的な理解を経験しており、そしてこの経験をクライエントに伝達するように努めていること。
⑥セラピストの感情移入的理解と無条件の肯定的配慮をクライエントに伝達するということが、最低限に達成されること。

に伝えることもあります。例えば、相手の話に興味がないのに関心のあるふりをしたり、話がわからないのにわかったふりをしたり、といったごまかしは、不誠実な態度であるだけでなく、相手を傷つけるおそれがあります。努力してもどうしてもわからない時は、相手にそれを伝える方がよいでしょう。興味がもてない時は、そういう自分の状態に気づいておいてください。ふとした拍子に、相手から「こんな話でいいんですか？」などと言われ、聴き手である自分も戸惑っていることを伝えると、実は相手も本当に話したいことを言えていないと明かしてくれたりします。自分の状態をごまかさずに気づいておくこと、そして正直・誠実であろうとする態度は、信頼関係を作る基盤といえます。

②無条件の肯定的配慮（Unconditional Positive Regard）

相手が経験していること、感じていることを、評価したり否定したりせずに、その人の一部として尊重する態度を指します。多くの場合、前向きな望ましい気持ちは認められやすいのですが、それでは「条件付き」の尊重になります。人から良く思われないような、一般的に好ましくない気持ちであっても、それが本当にその人が感じていることなら、否定したり無視したりせずに、尊重しながら聞くことが「無条件」で「肯定的」な聴き方なのです。学校に行けない状態の子が、「教室に入るのが怖い」「友だちに会うと緊張する」と言うことがあります。本当にすごく怖いし、自分では対処できないくらい緊張するのだと思います。でも、そんな怖さを経験したことのない大人は、「何も怖いことはないじゃないか」「みんな心配しているし、緊張なんかしなくていい」と説得してしまいます。励ましのつもりではあっても、子ども本人の怖さと緊張は否定され、本人の心の中に置き去りになります。一方で、子どもが「じゃ、明日はがんばって行こうと思います」と前向きな発言をした時には、「そうか、楽しみにして待ってるぞ」と簡単に受け入れられたりします。こういったやり取りの中で子どもが感じ取るのは、怖くて緊張して学校に行けない自分は認めてもらえなくて、学校に行こうとする時だけ認めてもらえる、という周囲の価値評価です。「経験」と「自己概念」の不一致で苦しんでいるとしたら、また周囲に合わせた理想的な「自己概念」の方だけが認められてしまうことになるの

です。だからと言って、「学校なんか行かなくていい」と登校しないことを認めることが子どもを尊重することになるわけでもありません。子どもたちも、欠席はしていても学校に行きたい気持ちをもっていることが多いので、今度はそちらの気持ちが否定されてしまうからです。こういう場合は、怖さや緊張などの登校できない気持ちをしっかりと聴いて、どういう時にどのような怖さや緊張を感じるのか、その子の心中を少しでも理解し、想像することができたらと思います。そうすると、もしも教室の前まで来られたけど入れなかったとしたら、「もう少しだったのに何で入れなかったんだ」と言う代わりに、「怖いのによく教室の前まで来れたね」という言葉かけに変わるかもしれません。

③共感的理解（Empathy）

あたかもその人の内側から感じているように気持ちの動きがわかるくらいまで、相手のものの見方や感じ方を理解しようとすることをロジャーズは「共感」と呼びました。ただ同じ気持ちになることや同情することではなく、その人の見方を知ることを意味します。ロジャーズは「内部的照合枠」を感情移入的に理解するという表現をしました。これは、同じことを経験しても、人によってその受け取り方は違うことが前提となっています。つまり、人にはそれぞれ自分の「内部的照合枠」があって、同じ出来事を経験しても、その意味づけや感じ方は一人ひとり違うということです。例えば教室に入るのが怖くて不登校傾向の子の場合、ある子はすぐに出られるように出入り口の近くの席がいいと言いますし、他の子は出入り口の近くは人の出入りが多いから奥の窓側の席がいいと言ったりします。同じような状態に見えても、やはり一人ひとりの内部的照合枠は違うのです。自分の先入観や過去の経験から「うんうん、わかるよ」と急がずに、「まだあなたの感じ方がわかっていないから、もっと知りたいと思っている」という態度で耳を傾けてみてください。自分の感じ方とは違う、意外な感じ方や価値観に気づかされることがあります。そして、完全に内部的照合枠を理解し、共感することはおそらく不可能なので、できるだけ共感できるよう努力し続けることこそが傾聴の態度の本質であるともいえます。

(3) 基本的な傾聴のスキル

　傾聴の目的は、会話を表面的な話題ですませずに、その人が思っていることをよく聴いて理解し、お互いの信頼を深めることです。そのための態度・心構えは前述の傾聴の態度が参考になりますが、実際の聴き方としては次のようなスキルを身につけておくと会話がスムーズになります。

①繰り返し・伝え返し

　自分の意見を言ったり、アドバイスしようと思わずに、相手が話していることをできるだけ正確に理解しようとしてみてください。そして、自分が受け取ったことを確認するつもりで、あなたが話したのはこういうことですね、という気持ちを込めて、話されたことを繰り返して伝えてみる方法です。伝え返しという言い方もあります。なかなか正確な理解は難しいものですし、もしも間違っていたら訂正してもらって、さらに相手の言いたいことを正しく理解しようとすることが大切です。相手が使った言葉や表現をそのまま返すことを「繰り返し」、同じ意味の別の表現に変えて伝えることを「パラフレーズ」、たくさんの内容を簡潔な表現にして返すことを「要約」といいます。

②気持ちの反射

　語られる内容や事実だけでなく、その人がどういう気持ちで話しているのだろう、ということに注意を向けて話を聴いてみてください。気持ちを直接言葉で表現する場合だけでなく、うつむいたり手を握りしめたりといった表情や仕草、声が小さくなったり語気が荒くなったりといった声のトーンなど、様々な手がかりで気持ちが伝わってくると思います。そして、今この人はこういう気持ちではないかと思ったら、それを言葉にして伝えてみることが「気持ちの反射」です。「……があって、……な気持ちなのですね」という表現が基本ですが、「話をうかがっていて、……な気持ちなのかなと思ったんですが」とか、「もしかしたら、……という気持ちもありますか？」など、会話の流れの中で自然な表現にするとよいでしょう。これも違っていたら訂正してもらうことが必要ですから、決めつけるような言い方ではなく、少し謙虚な言い方で伝えてみましょう。訂正してもらうことで、さらに正確な気持ちを理解できるようになります。

気持ちを言葉にする時は、できるだけボキャブラリーが豊かな方が細かい差異を表現できます。うれしい、怒っている、悲しい、楽しいといった喜怒哀楽の基本だけでなく、「誰にも言えないけど腹の中で燃えている怒り」とか「冷たく凍りついた世界にいるような寂しさ」、「その人がいなくなったことで自分の大事な部分までなくなってしまったような深い悲しみ」など、目の前のその人の気持ちにできるだけ近い表現を見つけることができればと思います。

③オープン・クエスチョン

　質問の仕方にもスキルがあります。「はい・いいえ」で答える質問を「クローズド・クエスチョン（閉じられた質問）」と呼び、「はい・いいえ」では答えられない質問を「オープン・クエスチョン（開かれた質問）」と呼びます。意識的に、オープン・クエスチョンを使ってみましょう。例えば、「学校に行かなくなった理由は誰かにいじめられたからなのか？」はクローズド・クエスチョンです。「学校に行けなくなる前は、学校でどんなふうに過ごしてたの？」はオープン・クエスチョンになります。クローズド・クエスチョンは得られる情報が少ないので次々に質問を重ねることになり、話の主導権を聴き手が握ることになって、結果として話し手が言いたいことを言えなくなる可能性があります。それを避けるために、質問する時はできるだけオープン・クエスチョンにすると話題の主導権を話し手の側がもてるので、話したい方向・聞いてほしい方向に会話を進めやすくなるのです。ただ、クローズド・クエスチョンが悪いわけではないので、話し手側の気力や会話のモチベーションが低い場合（うつ病の患者さんの場合など）や、知能や発達に遅れがある場合は、相手の負担を少なくするためにクローズド・クエスチョンを使う方がよいこともあります。

　オープン・クエスチョンには、「どんな……ですか（でしたか）？」といった表現の他に、「……についてもう少し教えてください」とか「……が気になったのですが」などといった言い方もあります。ただ、「はい・いいえ」では答えられない質問でも、「なぜ・どうして」という質問はあまり使わない方がよいでしょう。この質問は、気持ちから離れて頭で考え、説明する方に向かいます。しかも、心の問題に関することは自分でも理由がわからないことが多い

ので、答えづらい思いをさせてしまいます。「なぜ・どうして」の質問は、質問をする聴き手の側には負担が少なく、尋ねられる話し手の側に大きな負担をかける質問であることを知っておいてください。「どうして学校に行けないんだ？」と尋ねたくなったら、その質問の内容や意図を自分の中で分解して、例えば「学校に行けなくなったあたりのことを、もっと教えてほしい」とか「学校に行こうとするとどんな気持ちになるの？」「学校を休んだ時はどんなことをしてるの？」などのオープン・クエスチョンに変えてみると、子どもの側でも理由を問われるより話しやすいでしょうし、子どもの気持ちや考えが少しずつ伝わってくると思います。

　スキルはあくまで技術なので、前節のような傾聴の態度を伴わないスキルは役に立ちません。言葉の上だけでの「繰り返し」や「気持ちの反射」にならないよう、誠実な心構えを忘れないでください。友だちや家族との会話でも、しっかり相手の話を聴いてみようと思う機会があれば、日頃からこうした聴き方を練習してみるとよいでしょう。最初は不自然に感じるかもしれませんが、自分なりの言葉遣いや間合いをつかめると、会話の中に自然に取り入れられるようになります。また、このような傾聴は人を傷つけるリスクが少なく、多くの人に適用することができます。ただし、精神病が疑われる場合や知的な能力が十分でない場合はかえって不安になったり、会話が止まってしまったりすることがあります。その場合は、こうした技法にこだわらず、クローズド・クエスチョンに切り替えたり、繰り返しをやめて自分の考え・意見を明確に伝えるようにするなどの工夫が求められます。

3. 学校でのカウンセリング・マインド

(1) カウンセリング・マインドの意味

　カウンセリングの基本であるロジャーズの来談者中心療法の考え方を中心にここまで説明してきました。話している相手に傾聴し、その人のことを深く理解しようとする聞き方のエッセンスが見えてきたのではないかと思います。こ

こで、あらためて学校でのカウンセリング・マインドに話を戻しましょう。この言葉の中核は、ロジャーズの言うような傾聴の態度をもつことにあります。しかし、学校での教師の役割はそれだけですむものではありません。児童生徒一人ひとりに耳を傾けて理解することも大事ですが、クラス集団に全体として働きかけ、教科指導・生活指導を通して知識や技能を伝えていくことも教師の役割です。したがって、カウンセリング・マインドという言葉はもっと広義に解釈されています。例えば、神保（1987）は、カウンセリング・マインドを生かした教育活動として次のようなものを挙げています。

①児童生徒の成長への可能性を信頼し、畏敬の念をもつ。
②人間として対等な関係を実践し、心の響き合いをもつ。
③児童生徒の考え方、感じ方をありのままに受け取め、共感的に理解しようとする。
④教え、与えることに性急にならずに、自分で学ぼうとする構えを大切にする。
⑤知的側面だけでなく、情緒的側面へのかかわりを大切にしていく。
⑥児童生徒を先入観や固定的な考えでみないで、新鮮な目で柔軟にみていく。
⑦児童生徒とともに考え、歩もうとする。
⑧児童生徒の自尊心を大切にし、追い立てないで待つ。
⑨共感的理解と訓育的指導を統合していく。

カウンセリング・マインドは、相談場面での会話の仕方ではなく、教育活動全般にわたる姿勢として広くとらえることができます。より良い教育やより良い教師を目指す上で参考になるでしょう。

一方で、広く教育活動に共通する基本的な姿勢となると、カウンセリング・マインドの意味があいまいになったり、教師に過重な負担をかけるおそれがあることも指摘されます。村山（1992）は、「カウンセリング・マインド論は、あまりに軽く感じられ、かえってすぐにだれもできるような錯覚や誤解を与える危険がある。この美しい言葉は、カウンセリングがこれを実践したり、言葉だけでなく、生きるときに横たわるきびしさと忍耐強さなどの面がそっくり抜

けおちてしまうからである」と述べています。共感的・受容的な面が一人歩きし、優しくて甘いイメージをもたれることが多いカウンセリングですが、この指摘にある「きびしさ」とは何でしょうか。次に、これをキーワードにして、カウンセリング・マインドの理解を深めてみたいと思います。

(2) カウンセリング・マインドの理解を深める

　カウンセリング・マインドを身につけることで教育相談の方法がわかり、簡単に指導できるようになるのでしょうか。もちろんこうした知識やスキルを生かす機会は必ずあると思います。どう対応してよいかわからない時には、指針を与えてくれます。しかし、こうした指導方法を知ることで、別の難しさにも直面します。しっかりと相手の話を聴き、真剣に考えるがゆえの迷いがあるのです。「こうすればいいのだ」と解決策やアドバイスを教えてあげる方が、大人の側はよほど楽だと思います。ただ、人の心に関する問題は、そう簡単に解決策が見つかるものではありません。

　河合（1985）は、児童生徒とのカウンセリングの難しさをいくつかの例を示しながら論じています。例えば、カウンセリングは「自由で保護された空間」を提供することを目指しますが、「何でも好きなこと言っていいよ」と言って「別にありません」と言われたら困ってしまいます。「何か悩みはあるだろ」と言ったら子どもはプレッシャーをかけられて不自由になりますし、「あなたとしては言うことがないんですね」などと型通りに返しても、子どもに見透かされてしまいます。また、「先生、秘密にしておいて」という時にも判断に困ります。「よし、秘密にしておいてやろう」と言うのは簡単ですが、後で問題になるかもしれません。「いや、お母さんに言う」では子どもとの関係が作れなくなります。こんな時、河合は「どうしていいかわからない中でこそ、対等に向き合っている」のだと言います。上下関係で上の立場にいるのは楽ですが、それでは子どもの心に寄り添うことはできません。どうしていいかわからず困っている子どもに本当に近づくためには、大人の側もどうしていいかわからず、苦しい気持ちに直面する必要があるというのです。また、心の問題では「これはいい、これは

ダメ」と決められないこともあり、「いいことだけれども困ったことであるとか、困ったことだけれどもいいことだというあたりで」、心を揺らしながら一緒にそこに参加していることが大事なのだと言います（河合、1985　下線筆者）。

　カウンセリング・マインドを教わった通りに実践しようとするよりも、教師の成長につながる、良い意味での「心の揺れ」を与えてくれるものととらえる視点ももちたいと思います。学校では、子どもを叱ることもありますし、苦手なことに嫌々ながら挑戦させることもあれば、授業内容に遅れがちな子がいても先に進まざるをえなかったり、という場合がたくさんあります。そのたびごとに、カウンセリング・マインドは疑問を投げかけ、教師の心を揺さぶることになります。叱るよりもこの子の事情や気持ちを聞いてあげた方がよいのではないか……、苦手な気持ちを尊重して、本人がやる気になるまで待った方がいいのではないか……、授業がわからなくて困っている子を放ってはおけない……。そこには、どちらが正しいかの絶対的な正解はありません。また、難しい生徒指導上の問題に直面した時も、教師としての迷いや心の揺れを体験することになります。学校に来られない子に対して、できるだけ登校を促した方がいいのか、それとも無理をせずに静養させた方がいいのか……。はっきりした答えがほしいところではありますが、しかし一方ではこうした迷いや心の揺れが教師としての自分の成長につながる面もあるのです。

　カウンセリング・マインドは一つの一貫した態度・姿勢（理論体系）ですが、その姿勢は現実の教育の中では根本的に対立する意見や矛盾に出会うものなのです。その時々の状況と相手にしっかり向き合い、カウンセリング・マインドと自分の経験を総動員して、揺れながらも自分の対応を柔軟に見つけていくことが子どもとの距離を縮め、教師としての成長につながっていくと思います。

（卯月　研次）

【コラム 3-1：よい聴き方を目指して】

今まで、人と話をして、話しやすかった時や深く話せたと思う時があったら、思い出してみてください。相手の人はどんな様子で話を聴いていたでしょうか。細かいことまでできるだけたくさん思い出して、何人かで話し合ってみましょう。聴き方のヒントが得られると思います（話しにくかった体験があれば、それを反面教師としてどういう聴き方に変えたらよいかを考えてみるのも参考になります）。

（卯月　研次）

＊引用文献

伊東博（編訳）　1966　ロージァズ全集（第4巻）　岩崎学術出版社

神保信一　1987　学校教育とカウンセリング・マインド　教育心理、35（7）

河合隼雄　1985　カウンセリングを語る　創元社

村山正治　1992　カウンセリングと教育　ナカニシヤ出版

Chapter 04

カウンセリングの基礎（2）
様々なカウンセリング理論

> 前章ではロジャーズの理論を基にしてカウンセリング・マインドのエッセンスを論じました。本章では、人間理解や児童生徒への指導方法に役立つ他の理論として、認知行動療法と深層心理学を紹介します。それぞれ体系化された詳細な理論背景をもちますが、ここでは特に学校や教育相談に応用しやすい部分を取り上げていきます。

 1. 認知行動療法から学ぶこと

認知行動療法は、相手の行動や考え方に注目し、その変化を手助けしようとするアプローチです。もともと行動療法と認知療法という2つの流れだったものが組み合わされてこう呼ばれるようになりました。行動療法では、問題行動がある時は、本人の気持ちに共感したり過去のエピソードに原因を求めるよりも、その問題行動の頻度をいかに減らすか（または望ましい行動をいかに増やすか）を優先して考えます。毎日手を洗うことに多くの時間を費やし、日常生活が妨げられてしまうなどの強迫性障害をもつ人の治療や、発達に障害のある子の指導など、幅広い分野で用いられています。学校では、治療的方法というよりもむしろ教育的に児童生徒を指導する方法として取り入れることができます。一方、認知療法では、不安が強くなったり、不適応などの問題がある時は、その人自身の考え方を変えることで現実を受け入れて対処しやすくなると考えます。うつ病の人の治療などで用いられていますが、これも学校では深刻な問題が起きてからの治療的な使い方ではなく、児童生徒や教師自身が考え方の幅を広げたり、ストレスを軽減する考え方を身につけることで精神衛生を保つなど、

予防教育的に活用することができるでしょう。では、行動療法と認知療法それぞれの説明をしていきます。

(1) 行動療法的アプローチ

行動療法の基礎には、パブロフによる犬の唾液分泌の研究で知られる「古典的条件付け」と、スキナーがネズミにレバー押しを学習させる研究を行った「オペラント条件付け」があります。どちらも動物を用いた実験で新しい行動や反応を学習させるための方法を見出していった基礎的研究です。こうして得られた知見を人間の行動を変えるために応用したのが行動療法です。

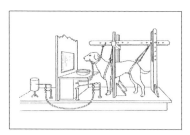

図4-1 古典的条件付けの実験
(辰野、1973 より)

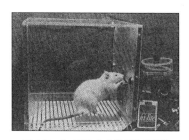

図4-2 オペラント条件付けの実験
(今田ほか、1991 より)

行動療法の目標は、問題となっている不適切な行動を減らし、望ましい行動を増やすことです。例えば、授業中に立ち歩いてしまうのであれば、立ち歩く時間や回数を減らし、座っている時間を増やすことを目標とします。では、学校場面で役立つ方法や考え方をいくつか紹介しましょう。

①正の強化と負の強化

増やしたい行動の後で快刺激(ごほうび)を与えることを正の強化といいます。ごほうびは強化子と呼ばれ、必ずしも物とは限りません。言葉でほめたり、「ありがとう」の一言や笑顔も強化子になります。負の強化は、もともと不快な状況に置かれていたものが、望ましい行動をすることで不快な刺激が除去されることをいいます。放課後、プリントの課題を終えるまで帰れない、という状況

は負の強化をしていることになります。どちらも日常の教育やしつけでよく使われていますが、それを意識的に行うことで、より明確な方向づけと自信をもった指導ができるようになります。また、望ましくない行動の後で不快な刺激を与えることは「罰」と呼ばれます。名称のイメージから、負の強化が罰を与えることと誤解されやすいのですが、全く異なるものです。罰が問題行動を止めるために使われるのに対して、正の強化と負の強化は望ましい行動を増やすために使われます。その問題行動が危険を伴う場合や緊急を要する場合以外は、罰の使用は避けた方がよいとされます。問題行動の代わりに望ましい行動を身につけさせたいだけなのに、不必要な怖さや怒りを植えつけてしまい、罰が与えられる場所や罰を与える相手を避けるようになるおそれがあるからです。問題行動を減らしたい時はその行動が出た時だけで対処するのではなく、例えばその行動と同時にはできない他の望ましい行動を強化するという発想や（着席は、離席と同時にはできない行動です）、その行動が起きていない状態を強化する（離席した時だけ止めたり叱ったりするのではなく、着席している時にできるだけポジティブなかかわりをもち、逆に離席した時は関心を示さないようにするなど）という発想に変えることによって、指導の幅が広がります。

②シェイピング

　目標の行動をすぐに身につけることが難しい時は、それを小さな段階に分けて、簡単な行動から始めて、それができたら次の段階の行動へと目標を上げて最終的に目標の行動に近づくことを目指す方法です。例えば、授業中ずっと着席していることが難しい場合は、第一段階として授業の始めだけ座っていられることを目標とし、それができたら強化子（ほめるなど）を与えます。しばらくそれを続けて定着したら、次の段階として授業の始めに加えて最後も座ることを目標とし、これもできたら強化子を与えます。そして次は始めと最後に加えて5分間は着席の時間があることを目標とし、それが達成されたらその時間をしだいに長くしていくといった段階を経て、授業中の着席時間を増やすプログラムが考えられます。

　シェイピングの発想は、かかわる側に気持ちの余裕をもたらします。落ち着

きのなさだけでなく、例えば不登校などの問題もすぐに解消できるものではありません。「またやっている」「まだ治らない」という見方をすると、かかわる側の気持ちも焦って余裕がなくなりますが、子どもの視点に立って、まず簡単に取り組めそうなことは何か、その次は何か、ということを小さなステップで考えてみると、子どもの努力も引き出しやすく、少しずつ改善していることが感じられるようになります。

③トークン・エコノミー

行動の後に毎回ごほうびを与えるのではなく、1回1回はトークン（代理貨幣）を与え、一定数のトークンが集まったら、より大きなごほうびと交換できるという方法をトークン・エコノミーといいます。トークンは、小さなシールでもスタンプでも、どんな物でもかまいません。交換する報酬も、物である必要はなく、休み時間や放課後に好きな遊具を使う権利やその子が好きなことをする時間を作るなど、本人が喜ぶことであれば何でもかまいません。

実は、トークン・エコノミーは学校や日常生活で非常によく使われています。ラジオ体操に参加したらスタンプを押してもらえるとか、宿題をやったらシールをもらえて、それがたまったら賞状をもらえるなどの指導がよく行われています。また、学校だけでなく、お店のポイントカードなども社会で使われているトークン・エコノミーの一種といえるでしょう。

行動療法の基本を紹介しましたが、ここで取り上げた手法はすぐに教育場面で応用できるものばかりです。ただ、学校教育でこうした視点をもつ意義は、単に指導方法の種類を増やすだけではありません。教育では努力や我慢に価値が置かれるので、教育相談的な問題が生じた時も本人の努力不足や我慢が足りないのだといった精神論に傾くことがあります。行動療法は、精神論ではなくきわめて現実的な考え方をします。客観的に状況を見て、どの行動をどのように変えていくのか、具体的かつ現実的に判断します。不登校の子に「明日から登校しろ」などと実現できない目標を設定するのは現実的ではありません。小さな目標を設定しながら、できるだけ成功を重ね、子どもに自信をもたせるこ

とを考えます。大人の期待通りに改善しないとすれば、それは子どもの努力が足りないからではなく、その目標をもっと小さなステップに分ける必要があるからかもしれません。目標が大きすぎてなかなか改善しないように見えると大人の側も余裕を失いがちですが、小さな行動の変化に着目することで、まだまだできることが見えてくるはずです。

(2) 認知療法的アプローチ

認知療法では、ある状況や相手などに応じてふと浮かんでくる考えや言葉に注目し、これを「自動思考」と呼びます。私たちが落ち込んだり、不安になったり、緊張したりしている時は、その背景に、柔軟性がなく、現実離れした自動思考が働いており、それが否定的な感情を引き起こしていると考えます。こうしたいわば「認知の歪み」は、ものごとの解釈や自己イメージを否定的なものにし、将来への見通しも暗くしてしまいます。したがって、その自動思考に気づき、それを修正することができれば、否定的な感情を軽減できるはずなのです。表4-1は、代表的な認知の歪みの例です。

学校場面に当てはめると、例えば試験の成績が悪くて落ち込んでいる場合は、「こんなに成績が悪かったら希望通りの進学もできず、将来は不

表 4-1　認知の歪みの例 (坂野、2005 より)

・破局的推論（catastrophizing）：現実的な可能性を検討せずに、否定的な予測をエスカレートさせること
・読心術推論（mind reading）：他者が考えていることを確認もせずに、自分はわかっていると思いこむこと
・個人化の推論（personalization）：出来事の成りゆきや結果を自分のせいだと思いこむこと
・選択的抽出推論（selective abstraction）：ある特定の事実だけを取り上げて、それがすべての証拠であるように考えること
・トンネル視（tunnel vision）：出来事の否定的な側面のみを見ること
・レッテル張り（labeling）：自分や他者に固定的なラベリング（たいてい否定的な）をすること
・全か無か推論（all-or-nothing reasoning）：少しの失敗や例外を認めることなく、二分法的に結論づけをすること
・自己と他者のダブルスタンダード（double standard between self and others）：自己にだけ他者と異なる厳しい評価基準を持つこと
・「すべし」評価（should / must statements）：自己や他者に対して、常に高い水準の成果を要求すること

幸になってしまう」といった「破局的推論」が働いているのかもしれません（現実には、1回の試験の成績で将来がすべて決まるようなことはありません）。宿題が終わらず学校に行きたくないと言っている子は、もしかしたら「先生は怒って、自分を嫌いになる」と「読心術推論」をしているかもしれません。このように、実際の出来事が直接的に落ち込みや不安の原因になるわけではなく、間にその人の認知（自動思考）が介在していると考えます。こうした自動思考がエスカレートして深刻な状態に陥る前に、早い段階でその考え方を変えることができれば、不適応の予防につながります。悩みをもつ個人だけでなく、学級あるいは学校全体で心理教育を行うことができれば、さらに予防効果は高まるでしょう。

　ここまで、行動と認知に焦点を当てるアプローチを紹介し、学校での意義も述べてきました。教育に役立つことが多いので、できるところから実践に取り入れてみてください。1つ注意しておきたいことは、認知行動療法は環境への適応を重視しているので、子どもの側の行動や考え方に問題があることを前提としている点です。言い換えれば、問題となっている行動や考え方には意味や価値がなく、変えるべきターゲットとして見られがちであるということです。ロジャーズの理論では、望ましくない考えであっても、それに共感し、尊重することを説いていました。また、もしかしたら変えるべきは周囲の環境や大人の側の価値観であったりするのに、それを見落としてしまう可能性もあります。問題行動や不適応状態を早く取り除く手助けは大切ですが、一方ではその状態は何らかの必然で生じているもので、そこには言葉にならない子どものメッセージが込められている可能性があることにも気づいておきたいと思います。

 ## 2. 深層心理学から学ぶこと

　人間を理解する上で、感情、行動、思考のそれぞれに焦点を当てるアプローチを見てきました。ここでは、人間のもう一つ別の側面、「無意識」に焦点を当てたいと思います。ジグムント・フロイト（1856-1939）は、人間の心の中には本人も気づいていない領域があり、それが人間の言動に影響を及ぼしてい

ると仮定し、これを「無意識」と名づけました。彼が考えた心の構造をわかりやすく模式図にすると、図4-3のようになります。

水面に見えている部分が意識だとすれば、水面下にある無意識の領域の方がずっと大きいのです。その間には、ふだんは意識していないものの、必要であれば思い出すことのできる「前意識」があり、さらに自我、イド、

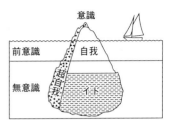

図4-3 フロイト理論における精神構造 (ハウストンほか、1980；山内編、1991より)

超自我という心の部分を仮定していることも示されています。自我は意識・前意識の大半を占めていて現実場面に合わせた判断をします。超自我は道徳観にしたがって自分を監視する役割をし、イドは無意識にあって本能的な衝動の源泉と仮定されます。彼の理論や治療方法は精神分析学と呼ばれますが、人の心の奥底に無意識を仮定する理論を総称して深層心理学と呼びます。ここでは、その中から教育に役立つ部分をいくつか紹介します。

(1) 防衛機制

フロイトは、無意識を欲望や衝動の源泉と考え、現実や道徳観との間で生じる葛藤やそこからの防衛などについて論じました。その中でも有名な概念として、防衛機制を理解しておきたいと思います。防衛機制とは、葛藤や欲求不満がある時に、心の安定を保つための無意識的な働きです。代表的な防衛機制は、次のようなものがあります。

①反動形成：ある欲求が表に出ることを防ぐために、正反対のことをすること。
②合理化：不満を理屈づけ、正当化することで緊張を軽減すること。
③知性化：感情や欲動を直接に意識化しないで、知的な認識や考えでコントロールすること。
④同一化：自分以外の人の意見、態度、感情を、自分自身のものであるかのように取り入れて振る舞うこと。

⑤投影：本来は自分自身の考えや感情であるものを、あたかも他人の考えや感情であるかのようにみなすこと。
⑥逃避：適応困難な環境との接触を避け、空想、病気、現実、自己へ逃げこむこと。
⑦昇華：抑制された欲求を文化的社会的に高い水準にある活動へ転化すること。

　こうした防衛機制は日常でよく見られます。よほど極端で固定化された状態でなければ、病的な扱いをしたり、治そうとする必要はありません。ただ、こうした働きを知ることで、心の奥深さ・複雑さが見えてきます。言葉で言うことが必ずしも本音であるとは限らないし、しかもその人自身も自分の心をすべてわかっているわけではないのです。言葉で表現されることは、実は本心とは逆の意味だったりします。例えば、遊びに誘っても加わらないのに、ちょっかいを出してきたり、こちらの遊びを邪魔するような子がいれば、本当は寂しいし仲間に入りたいのに、それが反動形成の形をとって逆の言動になっているのかもしれません。そんな気持ちに気づいたら、恥ずかしさやプライドもあるでしょうから、「本当は仲間に入りたいんだろう」などと突きつけるよりも、「君の得意な……を教えてくれないか？」と一歩引いて頼むような形をとる方が、おそらくその子も加わりやすくなるかもしれません。

　防衛機制を知る意義は2つあります。1つは、上で述べたように、相手の本音に気づきやすくなることです。ただ、防衛機制が働くのは自分でその本音を認めたくない時ですから、あまり直接それを言うよりも、そっとその気持ちに気づいてあげるような配慮を心がけてみてください。もう1つの意義は、自分自身の反応に気づくことで自分の状態に気づきやすくなることです。自分が防衛機制を使っている時は、自分で思っているよりもそのことが気になってストレスになっている可能性があります。もちろん自分であまり認めたくないことかもしれませんが、そういう自分の不安や不満に気づいて、その状態を認めてあげることで、より深刻化するのを防ぐことができるのです。

(2) 自我の状態

　精神分析学では、無意識の欲望や衝動と折り合いをつけながら現実場面に対応する機能を「自我」と呼びます。自我は、どれくらい適切に現実に対処できるかを示すので、いわば心の成熟度を知る指標と言えます。教育相談に役立つ着眼点ですので、取り上げてみます。自我の機能をまとめると、表4-2のようになります。

　教育相談上、気になっている子がいれば、表のような項目に分けて考えてみてください。同年代の他の子たちに比べて、何か気づくところがあるかもしれません。自我機能は様々な経験や人とのかかわりを通して身につくものです。弱い部分が見つかっても、それを指摘するだけでは身につきません。フラストレーション忍耐度が低いからといって、「もっと我慢しなさい」と言ってもそう簡単に耐性はつきません。むしろ、他の子たちが耐えられることでもその子は強い不満を感じて気持ちの揺れを体験していると思われるので、その気持ちを汲みつつ、それを乗り越える手だてを一緒に探すようなかかわりを何度か繰り返す必要があるでしょう。学校に来られない状態の子や、非行などの反社会

表4-2　自我の成熟度の指標（前田、1985より）

項目	内容
現実吟味 （現実検討）	現実を客観化し、否認し逃避することなく直視し得る強さ（観察自我、合理的判断力、自己を過大評価も過小評価もしない、あるがままに現実をうけとめ得る心）
フラストレーション忍耐度	不満、不安に耐え得る強さ（攻撃性、恥、罪悪感、劣等感、不全感にも耐え得る心の懐の深さ）
適切な自我防衛	不満、不安を現実に即して効果的に処理し得る健康な防衛機制を身につけている
統合性、安定性	一貫性を保ち、バランスよく安定した心
柔軟性	自我の弾力性、自由に随意に退行し得る心の柔らかさ（心のゆとり、心のあそび）
自我同一性の確立	自分への確信（社会的に肯定、是認された役割への自覚と責任感）

的問題を呈している子は、自我の状態にアンバランスさが見られることがよくあります。表面に出ている問題だけを解決しようとするよりも、自我をバランスよく育てていくかかわりを心がける方が、その子の成長や適応力の向上につながります。

(3) ユングの分析心理学

ユング（1875-1961）は、フロイトとほぼ同時期に活躍した精神科医師で、フロイトの理論に触発されながらも、独自の無意識論を展開していきました。彼の理論は、分析心理学と呼ばれます。

フロイトは、無意識は願望や欲求を充足しようとしており、自我がそれをコントロールするべきと考えていました。それに対してユングは、無意識は意識や自我が気づかないことを教えてくれるので、その表現を促し、その象徴的なメッセージを受けとろうと考えました。彼の理論に触発され、箱庭療法（図4-4参照）や描画療法・描画テストなどが開発され、広く使われています。箱庭作品や絵からその人の心の状態を読み取り、治療的に活用していくのです。学校では、子どもの描いた絵や工作がありますから、それを手がかりにしてその子の状態を知ることができるでしょう。こういう描き方をしたらこういう意味だ、などと決めつけると発想が狭くなりますから、まずは作品全体の雰囲気を感じ取り、その中に浸るようなつもりで鑑賞してみてください。元気がいい、寂しげだ、萎縮している、など様々な雰囲気が感じ取れると思います。その上で、他の子には見られない表現があれば、その子の特徴として大事に考えてみてください。

ユングの考えでは、無意識は、意識的な見方や考え方の偏っ

図4-4　箱庭療法のイメージ

た、あるいは足りない面を補う補償的な機能をもつとされます。このように、彼の理論には相反する両極のものがバランスをとったり、補償的に働いたりするという視点があり、今表面に出ている状態とは逆の状態もどこかに内包されているという発想をします。例えば、女性の心の中には男性的なイメージ（アニムス）があって補償的に重要な意味をもつ可能性があり、男性の中には女性的なイメージ（アニマ）があるとする理論や、意識的に生きてきた面とは違う自分の特性が影（シャドウ）として無意識に存在している、などの有名な概念があります。これらは、無意識の表現やイメージの変容に着目する彼の治療理論では重要な意味をもちますが、学校場面ではどのように役立てることができるでしょうか。

　桑原 (1999) は、「教室のなかでできるカウンセリング・マインド」として、「価値の転換」を挙げています。つまり、「たった一つの価値観（たとえば、受験競争に勝つ）だけで判断して削り落としている場合、落とされている集団のなかにこそ大事なものが潜んでいることがある」と述べ、「よい人生」と「悪い人生」というイメージや、失敗すること、下手なこと、だめなこと、などを一元的な価値観でとらえないことが「カウンセリング・マインドの出発点になる」というのです。忙しい学校現場では、児童生徒に善悪を教える上であれこれ考えている暇はないかもしれません。「それはいけないことだから、こう直しなさい」というメッセージを明確に伝えることが、教師の役割でもあります。ただ、心の問題がからんでくるような教育相談では、そう簡単に善悪を決めることはできません。例えば、学校に通えなくなる状態は一般的には好ましいとは言えませんが、不登校を経験した何人かの人が「不登校にならずにあのまま学校に通っていたら、いつか自殺していたかもしれない」というようなことを話してくれたことがあります。学校に通うことが死ぬほどつらいのだとすれば、命と引き替えにしてまで登校することが善で不登校の状態は良くないとは簡単に言えないと思います。一見、良くない状態・問題のように見える時でも、それはその子にとって必要な成長のプロセスなのかもしれません。子どもの意識的なあり方が無理をしてつらくなりすぎた時は、無意識の補償が心の症状を引き起こす

と考えれば、単に症状を早く取り除くことだけが解決とは言えなくなります。
　ユングの心理学を日本に紹介した河合（1970など）は、人の心は「二律背反」であると言います。二律背反とは、相反する２つの状態が同時に正しい、あるいは同時に存在していることを指します。学校に来ている子たちの中にも学校を休みたいと思う気持ちはあるでしょうし、とても強く「学校に行きたい」と願っているけれども学校に行けない不登校の子も少なくありません。人の心は、正反対の気持ちを両方もっていることが多いのです。表に出ている発言や行動だけに目を奪われず、人の気持ちやものごとには両面あるということをユングの理論から学びたいと思います。

3. ま と め

　本章では、いくつかの理論から教育に役立つ部分を取り上げて論じてきました。子どもの性格は様々ですし、起きる問題も様々です。どれか１つの理論ですべてに対応できるわけではありませんから、幅広くこうしたアプローチを知っておくことが子どもたちの理解と指導に役立つと思います。

（卯月　研次）

＊引用文献
　今田寛ほか（編）　1991　心理学の基礎（改訂版）　培風館
　河合隼雄　1970　カウンセリングの実際問題　誠信書房
　桑原知子　1999　教室で生かすカウンセリング・マインド　日本評論社
　前田重治　1985　図説　臨床精神分析学　誠信書房
　坂野雄二（監）　2005　実践家のための認知行動療法テクニックガイド　北大路書房
　辰野千寿　1973　学習心理学総説　金子書房
　山内宏太朗　1991　はじめての心理学（増補版）　北樹出版

【コラム 4-1：絵からその人を理解してみよう】

　まず、B5 か A4 の紙に木の絵を描いてください。絵の上手・下手は問いませんので、木と言われて思い浮かんだものを描いてください。描き終わったら、誰かと交換し、相手が描いた絵（木）についての感想を別紙か絵の裏側に書いて相手に返してください。何人かいれば、他の人とも交換して同じように繰り返してもいいでしょう。自分の絵について書いてもらった感想を読みながら、それが自分自身にどれくらい当てはまるかを考えてみてください。あくまで絵についての感想ですから、当てはまらないものも多いかもしれませんが、もしかしたら自分の特徴を的確に表現している感想があるかもしれません。そんな経験ができたら、絵や作品を通して相手のことを知るというアプローチが経験的に理解できると思います。

（卯月　研次）

Chapter 05
心と体の発達と精神病理

> 「星の王子さま」の冒頭で、作者のサン＝テグジュペリは「おとなは、だれも、はじめは子どもだった。(しかし、そのことを忘れずにいるおとなは、いくらもいない。)」と記しています。子どもから大人への成長は、体のサイズが大きくなることだけではありません。ものごとの見方・考え方、人との関係のもち方、「自分」という存在への気づきなど、目に見えない部分でも大きな変化を遂げています。そこには、大人とは違う体験（楽しさや不安、発見、落胆、こだわりなど）があるはずです。そうした体験がぐんと成長を後押しすることもあれば、不適応や心身の不調につながることもあります。
>   この章では、子どもの発達とからめながら代表的な精神病理を紹介していきます。サン＝テグジュペリの言葉を心に留めつつ、自分の子ども時代の体験を思い出しながら理解を深めていきましょう。

 1. 不適応・精神症状の基本的理解

　重松清の小説「きよしこ」には、「言葉の最初の音がつっかえてしまう」というきよし少年が主人公として登場します。きよし少年の場合は、「『カ』行や『タ』行と濁音はいつも、緊張や興奮で息を吸い込みそこねた時には、ほかの音で始まる言葉もすべて」つっかえてしまいます。つまり、「こここここここここんにちは」や「さささささささささようなら」になってしまうのです。
　ちょっと言葉がつっかえたことがある人は少なくないと思いますが、それが頻繁で程度が強いと吃音（きつおん）と呼ばれます。吃音といっても、その程度や苦手な言葉などは人によって違います。原因は必ずしもはっきりしません。
　さて、これは症状についての客観的な説明です。こうした症状をもつ本人はどのような体験をしているのでしょうか。精神的な症状の場合、客観的な説明

だけで当事者の体験を理解できるとは限りません。きよし少年の場合も、苦手な言葉を言い換えたり、言葉の代わりにジェスチャーで補ったり、人知れぬ努力を重ねていました。それでも、「言いたかったことが誰にも伝わらないまま喉の奥に引っ込んで、胸に戻ってしまう。しゃべるのをあきらめて口をつぐんだあとは、くやしくて、かなしくて、胸がずしんと重くなって、ときには吐き気にさえ襲われる」と心情が描かれています。そんな本人の気持ちを知らない大人に「ちゃんと言わなきゃわからないでしょ」と言われ、全身を震わせながら机の両端をつかみ何度も床に叩きつけて抗議の気持ちをぶつける場面も描かれています（コラム5-1参照）。

　吃音の他に、幼児期・児童期にしばしば見られる症状として、頻繁なまばたきや首振り・肩すくめなどを不随意的・突発的に呈する、チックが挙げられます。運動面でのチックだけでなく、空咳をしたり状況に合わない語句を繰り返し言う音声チックもあります。

　また、家では問題なく話せるのに特定の場面（幼稚園や学校など）で話をしない選択性緘黙（せんたくせいかんもく）（場面緘黙）という症状もあります。いずれも症状や障害について知っておくことと同時に、当事者である子ども本人がどのような不安や困難を抱えているのか、その子の気持ちに寄り添ってその体験を理解しようとすることが必要です（精神遅滞やダウン症、自閉症など、障害をもつ子の場合も精神症状を呈することがあります。障害の影響や他児とはストレスの受け方が違うことなどを考慮する必要があるため、保護者や専門家との情報交換・連携がより一層求められます）。

　さて、そもそも精神症状をどのように理解したらよいのでしょうか。精神科医師の前田（1994）は、適応と不適応のメカニズムを図5-1のように模式的にまとめています。

　これは仮説としての概念を図示したもので、すべての症状がこの通りであるとは言えませんが、子どもたちの問題を考える上で参考になる見方を提供してくれます。図を見てみましょう。学校や家庭で何か問題があったから不適応や精神症状に至るという単純なものではありません。「現実」での困難だけでなく、自分の中の理想や良心（「超自我」と表されています）、そして自分の様々な「欲

【コラム5-1：子どもにとっての正論と真実】

　本文中でも紹介した「きよしこ」は、私小説ではなく「個人的なお話」とのことですが、作者の重松清さん自身が吃音をもっており、自分の体験に根差した真実味と迫力がある小説です。

　小学3年の「吃音矯正プログラム」でのエピソードです。PTA協議会の副会長というおばさん先生が「気にするから、よけい言葉が出なくなるんです。『どもったってかまわないんだ』と気持ちを楽にして、……」「……胸を張って、もっと堂々として……」と話すのを聞きながら、きよし少年は「違う。ぜんぜん違う」と憤ります。そして、「少年は机を持ち上げた。脚を、床に叩きつけた。机の上のテキストやノートや筆箱が落ちるほど、強く、何度も、何度も」という強い反応で抗議の気持ちを示します。

　また、中学2年のエピソードです。周囲に迷惑をかけ、ひんしゅくをかっている同級生の"ゲルマ"が「いつも、おまえ、口元をもごもごさせて、黙るじゃろ。そういうの見とると腹が立つんじゃ。男じゃったら、言いたいこと言やあよかろうが」「力行とタ行がいけんじゃろ、おまえ。（中略）ほいでも、他の言葉じゃったらふつうにしゃべれるじゃろ？　面白えもんじゃのう、どもりいうんは」と言われて、それに対しては「ほんとうに鈍感で、無神経で、ムッとすることも多いけれど、不思議と嫌な気分にならないのは、なぜだろう」ときよし少年の心情が描かれます。しかし、しっかりした女子が「あんた、そういうの名誉キソンいうんよ、知っとるん？……（中略）……かわいそうやと思わんのん？」とゲルマを注意するのを聞いた瞬間、きよし少年は思わず机を両手で叩き、「そんなことない！」と怒鳴ります。

　この2つのエピソードから、きよし少年の心が垣間見えます。一般的には正しいことでも、それが当事者である自分の実感にピッタリ来なければ、相手がわかったふりをしているだけのように偽善的に見えてしまうのではないでしょうか。そうではなく、本当に思った通りに口に出しているゲルマに対しては、そんな反発を感じていません。私たち大人は、わかったような口ぶりで、もっともな正論を子どもたちに言ってしまうことがあります。でも、子どもたち、特に切実な状況に置かれている子には、その浅薄なメッセージはすぐに見破られます。大人の側もしっかりと身を入れて対面することが必要なのです。

（卯月　研次）

動・欲求」との間で自我はバランスをとっているのです。この図から、次のようなことが読み取れます。

・困難に直面し悩みや不安を感じても、それだけで不適応（図の右方向）になる

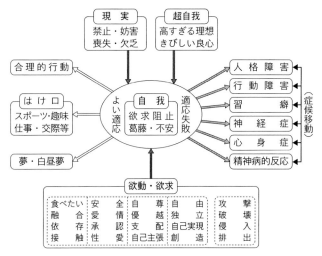

図 5-1　適応と不適応の力動（前田、1994 より）

わけではない。適応的に解消することも多い（図の左方向）。（そのためには、支えになる人間関係を日頃から形成しておくことが大事です。また、趣味・遊び・空想などが心のバランスをとる上で重要な働きをします）。

- 不適応や精神症状の背景には、現実生活の問題だけでなく、その子の内的な欲求・理想・良心などが関係する（実際の出来事に症状や問題の原因を求めても納得できるものが見つからないことが多くあります。現実には問題なく過ごしているように見えても、実は周囲からの期待に応えようと、強すぎる欲求、高すぎる理想、厳しすぎる良心を自分に課して、苦しい思いをしている子もいます）。
- 適応的な方法で解消されない場合、不適応（状態）は様々な形をとる（図の右側）。こういう症状はこれが原因だからこうすればよい、と簡単には考えられない。

それぞれの年齢によって、現実のストレスや自分の欲求、理想は変わってきます。特に思春期は内的な欲動が高まる時期であり、現実的な問題だけでなく、内面の変化に目を向ける必要があります。次節から、幼児期・児童期、そして思春期に分けて心的発達の大まかな特徴を見ていきましょう。

2. 幼児期・児童期の発達と心の世界

スイカをたくさん食べた翌日に、「今日のおしっこは赤いかもしれん」とつぶやいた3才の子。飛行機を見て、「乗りたいなあ。でもみんなどうやって乗ってるんだろう？ 長ーいはしごがあるのかな」とつぶやいた4才の子（ともに朝日新聞学芸部、2001）。いずれも幼児期の発想と世界観がよくわかるエピソードです。

発達心理学者のピアジェは、認知発達は表5-1のような段階をたどるとしています。小学校入学前の幼児期は「前操作期」に当たり、まだ色々な角度からものごとをとらえたり、現実的な知識を応用して合理的な判断をすることは難しいと考えられています。自分の意味づけだけで考えるので、自己中心的な思考が強いのが特徴です。先ほどの子どもたちの発言からも、大人が思いつかないような子どもたちなりの論理で考えていることがわかります。一方では、身の回りのことをよく見て疑問を感じたり、自分なりの説明をしようとしていることもわかります。選択性緘黙などの症状の背景には、大人が気づかないような不安や緊張を子どもが抱えていることがあります。大人の基準ではなく、子どもの視点で出来事や環境を見直してみると、その子の気持ちが理解できる時があります。

表5-1 ピアジェの認知発達理論

段　　　階	特　　　徴
感覚運動期 （誕生～1歳半頃）	自己と物を区別し、活動を起こす主体として自己を認識していく。繰り返し同じ運動をする行為自体への興味から、行為の結果に関心が移っていく。
前操作期 （1歳半頃～6、7歳頃）	言葉を使って、イメージや単語によって物を表象することができるようになる。ただ、自分とは違う他者の視点があることに気づかず、思考には自己中心性が見られる。対象を1つの特徴によって分類することはできる。
具体的操作期 （6、7歳頃～11、12歳頃）	自己中心的な思考から脱却し、対象物や出来事を論理的に思考することが可能となる。数、量、長さ、重さ、時間、空間などの基礎概念が獲得され、それに基づいてものごとを理解していく。また、いくつかの特徴によって対象を分類することができる。
形式的操作期 （11、12歳以上）	抽象的な命題を論理的に思考し、仮説を立てて系統的に検証することができるようになる。現実に起こっていないような仮説的な問題、将来の問題や観念的な問題についても判断できるようになる。

児童期はほぼ「具体的操作期」に当たり、実際に見たり触ったりできるものごとについては、かなり正確な論理で考えることができるようになります。また思春期が近づくにつれ、早ければ小学校後半から「形式的操作期」への移行が見られます。これは、目の前にないことについても考えることができるようになる（つまり抽象的思考ができる）ということです。

　発達には個人差がありますので、小学校入学や卒業と同時にみんなの考え方が変わるわけではありません。小学校入学当初はまだ前操作期的な子も多いでしょう。大まかに言えば子どもたちは小学校の6年間で、前操作期から具体的操作期へ、そして具体的操作期から形式的操作期へと心理的成長を遂げていることになります。

　では、あらためて児童期とはどんな時期なのか考えてみましょう。小学校に入学すると、子どもたちは現実生活に多くのエネルギーを注ぐことになります。授業や宿題など学校の課題が増え、時間割や規律を重視した集団行動が求められます。また友人関係も広がり、楽しさもトラブルも含めて人間関係の様々な面を体験していきます。

　子どもたちの内的な変化を知る手がかりとして、感情に目を向けてみましょう。表5-2のように、小学校低学年までとそれ以降では子どもが体験する感情はぐんと複雑になっていくと考えられます。学年が上がるにつれ、より複雑な感情を意識できるようになり、さらに自分の感情だけでなく、他者の行動の背景にある感情や考え方を想像することもできるようになります。友だちの表情などから気持ちを汲み取り、やがて隠された気持ちや意図を推測することができるように変化するわけです。

　また、生涯にわたる心理社会的発達段階を提唱したことで有名なエリクソンは児童期の発達課題を「勤勉性 対 劣等感」としました。勉強や運動、そして遊びで、努力して良い結果につながること（勤勉性）もあれば、がんばっても人にかなわないこと（劣等感）もあり、その両方を体験する時期ということです。上手－下手、速い－遅い、多い－少ないなど、学校生活では人と比べることが多くなります。その中で自分の能力や長所に気づくこともあるでしょうし、劣

表 5-2　感情の複雑さ（渡辺、2011 より）

幼児から小学校低学年	小学校低学年から中学年
うれしい、悲しい、怒り、恐れ、愛される、楽しい、寂しい、飽きた、心配な、恥ずかしい、罪悪感	（左に加えて）欲求不満、落ち着いた、がっかりした、みじめな、嫉妬、うらやましい、憧れる、プライド、臆病、期待、傲慢

等感を強く感じて自信をなくすこともあります。人との関係でも、自信をもって主張する時もあれば、自分を抑えてしまうこともあるでしょう。この時期で培った自己評価や対人関係のパターンが、次の思春期・青年期を過ごす上での基本的な自信につながるとも言われます。

児童期の子どもたちには「アニメのキャラクターになりきり遊ぶようなファンタジーや創意にあふれる世界と、同じキャラクターの背中にあったファスナーをめざとく見つけるような現実的で、知識と理屈をふりまわす合理的な世界」（平野・小田切、2012）の両方があるというおもしろい指摘があります。現実的で合理的な知識を学ぶ一方で、やはり内側から湧き出てくる創造性や好奇心も豊かな時期なのです。好奇心や探究心、想像力を生かしたちょっとした探検や冒険、そしてそこで得た体験や発見といったことが、のちのち人格形成の土台を成していくと考えられます。大人の側は、進むべきレールを示しつつも、そこを外れて寄り道する子どもの自主性を尊重して見守ることが必要かもしれません。

3. 思春期に直面する心性

第二次性徴に伴う身体的・性的な発達が思春期の特徴なので小学校後半で思春期の始まりを迎える子もいますが、ここでは大まかに中学・高校生年代を想定しながら話を進めます。

思春期では、それまでに経験したことのない様々な変化に直面します。臨床心理学者の河合（1992）は、「（思春期は）ただがむしゃらに前だけ見て、谷間にかかっている丸木橋を渡りきってしまうようなもので、渡ってしまってから振り返ってみると、谷があまりにも深いので足がすくむ思いがするようなもので

ある。渡る途中で意識して下を見た者は恐くて身動きできなくなったり、転落してしまうのである」と表現しています。

この時期の特徴を次の2点に分けてまとめておきます。

(1) 自分への関心の高まりと他者の目を気にするようになる

まず思春期の大きな特徴は、身体的な発達です。体のサイズが大きくなり、運動能力も格段に発達します。しかし、身体的には大人と同等の能力を獲得する一方で、生活経験が伴わないことによる不安や不安定さがあり、「もう子どもじゃない」という意識と「まだ自信がない」というアンバランスさがあります。村瀬(1996)は、この時期は子どもから大人への移行期であり、「子どもに認められている行動が認められず、大人に認められている行動も認められない」時期であると述べており、思春期の子どもたちが置かれる状況を端的に表現しています。

身体的な変化の中でも、第二次性徴に伴う性的成熟は未知の体験です。自分の身に起こる変化に驚き戸惑いつつ、人並みの成長を遂げている安堵や、人と違うのではという不安と恥ずかしさを感じるものです。また、異性への関心も高まります。自分の細かい身体的特徴を気にしたり、人との違いや人にどう見えるかをとても気にするようになります。

(2) 理想と現実とのギャップ、批判と反抗、そして不安

こうした身体的変化に、ピアジェが形式的操作期と呼んだ認知発達が加わります。これは、具体的な事物について考えるのではなく、概念や仮説などを抽象的なレベルで考えることができるようになることを意味します。身体的変化で自分に関心が向かうと同時に、自分の内面、人との違い、大人、社会、世界、将来、死などに目が向いていきます。自分とは何か、何のために生きるのか、将来はどうなるのか、といった問いに直面する時期といえます。もちろん、理路整然とこうした問いを整理して考えるわけではなく、「なんで勉強しなくちゃならないんだ」「つまらない。やる気が出ない」といった形で、答えが見えない不安を混沌とした気持ちで体験していることも多いでしょう。先述の河合の

指摘のように、これは簡単に答えられない深い谷のような問いです。大人が理想論やタテマエ（例えば「がんばって勉強すれば将来幸せになれる」等）で答えても、現実はそうでないことも見えてきます。スポーツ選手にでも芸能人にでも「がんばればなれる」と思えた子ども時代と比べると、自分の限界や現実の厳しさにも直面します。親や先生が教えてくれる"タテマエ"をそのまま受け入れるだけではすまなくなるのです。

　思春期の子どもたちには、現実との折り合いをつけたり妥協することがまだ難しいといえます。理想主義に固執すれば大人や社会に批判的になり、反発が強まります。反抗的と見える彼らの言動は、理想主義と現実との折り合いを見つけようとしてもがいている姿とも言えます。大人の側が正論で理想を言えば言うほど、反発は強まるでしょう。現実を知っている大人の、そしてこうした理想からの挫折を経て現実への着地点を見つけた大人の、知恵と本音で接する中から彼らなりの答えを見つけてもらうしかないのかもしれません。

　がむしゃらに前に進んでしまえば何年後かに現実の着地点を見つけることができるでしょう。しかし、この時期の不安にのみこまれてしまうことで、身動きできなくなることがあるのです。

　このような発達課題を考えると、思春期は身体をめぐる精神症状や、不登校・非行などの行動化、そして不安を背景とした精神症状など様々な問題を呈しやすい時期であることがわかります。次節では、児童期や思春期に見られる主な精神病理をまとめておきましょう。

4. 教育相談で出会う様々な精神病理

（1）精神的な不調の表れ方

　精神病理には様々なものがあります。個別の病理の詳細よりも、まずは精神的な不調はどのような面で表れやすいのかを知っておきましょう。
①感情面：精神的なバランスが崩れると、不安や怖さ、怒り、イライラ、孤独感などの感情が強まります。ただ、子どもは自分の感情を自覚して言葉で表

現することが十分にできないため、周囲に誤解されてしまうこともあります。とても陽気にはしゃいでいたり、あるいは周りの子に攻撃的になったりしていても、実は不安や心細さを抱えていることがあるのです。ふだんと違う様子が見られたら、表面の行動だけに目を奪われずに、どんな気持ちなのかよく注意してみるとよいでしょう。

　不安感が強くなる精神症状はいくつかありますが、その１つに恐怖症が挙げられます。これは特定の場面やものに対して他の人よりも強い不安や恐怖を感じ、日常生活に支障が出るほどの状態を示すものです。閉所恐怖症、高所恐怖症、対人恐怖症など、その対象によっていくつかの種類があります。

②身体面：子どもの場合、睡眠と食欲は精神状態のバロメータともいえるほど大事な注目点です。眠れない（寝付けない、夜中に何度も目を覚ます、早朝に目が覚め眠れなくなる）様子がある時は、子どもが抱えているストレスに注意を向けてみてください。また、食事に関しては、深刻な病理としては拒食症、過食症といった摂食障害があります。摂食障害は本人に病識がない（「病気ではない」と主張して受診を拒否する）ことがありますが、拒食症の場合、食事をとらないことによる著しい体重低下だけでなく、低体温、脱水、浮腫、低血圧、徐脈、貧血、脱毛などの身体症状にもつながり、やがては命の危険もありますので医療機関の受診が必要です。

　他にも、頭痛や腹痛、下痢、喘息症状などの身体症状の背景に精神的な要因が大きく影響していることがあります。もちろん身体的な治療が必要な場合もありますので、医学的な精査は必要です。「その発症や経過に心理的要因が密接に関与している身体疾患」を総称して心身症と呼びます。精神的に抱えきれないつらさを体がSOSとして表現していると考えることができます。

③認知面：思考や判断力などの認知的な面で不調が表れることがあります。思考能力が低下して、覚えられない・考えられない状態になったり、集中できなくなったりします。判断力がふだんより著しく鈍っているようであれば、強いストレスを抱えている可能性があります。こうした状態は日常でも余裕がない時にはよく起こりますし、感情面で不安感が強まったり、うつ病の時

にもこうした症状が見られます。また、思春期以降で急に脈絡のつかない話や支離滅裂な話し方をするようになったり、現実とは思えないような妄想（誰かに見張られている、電波であやつられている、など）を語る時は統合失調症の可能性がありますので、早めに医療機関を受診する必要があります。極端に口数が減ったり、外出を嫌がり部屋に閉じこもってカーテンを閉め切っているといった様子の時に、実は統合失調症の症状で、常に誰かに見られているとか、誰もいないのに自分に話しかける声が聞こえる（幻聴）といった体験をしていることがあります。

④行動面：以前と比べて活動レベルが低下したり、または過活動（動きすぎる、落ちつきがなくなる）になったりといった行動面での変化が表れることがあります。思春期の場合は、反抗的な言動や反社会的な逸脱行動（万引き、家出、性的逸脱行動、暴走行為など）といった形で現れることもあります。また、窓の戸締りを何度も確認したり、頻繁に時間をかけて手を洗うといった強迫行為が出ることがあります。ふだんよりも少しだけその傾向が強まるといった程度から、日常生活のかなりの部分が強迫行為に費やされるといった程度の重い場合もあります。他に強迫観念（頭の中に湧いてきて、容易には振り払えない考え）と合わせて、強迫性障害と呼ばれる状態です。明らかな強迫行為がある場合は周囲の人にもわかりますが、人知れず本人だけが強迫観念で苦しんでいることもあります。

　４つの領域に分けて、子どもたちの不調に気づくための着眼点を紹介しました。ただ、これらは別々に起こるものではなく、連動しながら様々な症状を呈するものです。次に、うつ病を取り上げながら、その症状や当事者の体験などに目を向けてみましょう。

(2) うつ病について

　うつ病はその名称から気分の落ち込みや憂うつ感に目が向けられがちですが、集中力と注意力の減退、自己評価と自信の低下、罪責感、将来に対する希望のない悲観的な見方、自傷あるいは自殺の観念や行為、睡眠障害、食欲不振

など、様々な面で症状が現れます。当事者からは、「とにかくだるい、おっくう、疲れやすい、何をやっても楽しいと感じられない、生きていることがつらい」といった言葉でその体験が語られます。数ヵ月、数年単位で長期化することもあり、本人にとっての苦痛はとても大きい病気です。

　平井(2004)は、うつ状態の特徴を次の２つの側面で指摘しています。
・非常に疲れた状態。エネルギーが停滞、喪失し、前を向けない状態。
・疲れた状態であるにもかかわらず焦り、不安、緊張等のために休息できない状態。

　そして、「うつ病とは、『活動』だけでなく『休息』も奪われた状態」であると表現しています。うつ症状の消失を目指して「早くよくならなくては」と焦ると、それで自分を責めてますます症状を強めてしまうという悪循環に陥ってしまいます。「元気を出して」「しっかりしなさい」「楽しいことをして気分転換したら」といった周囲の助言は、当事者にとってはさらに自分が追い詰められるような体験になる可能性があります。

　また、小・中学生のうつ病予備軍がかなりいるという調査結果もあります（傳田、2004など）。児童期・青年期のうつ病は大人に比べて憂うつ気分を訴えることが少なく、その代わりにイライラ、不機嫌、乱暴な行為が現れたり、不眠や食欲低下ばかりでなく、過眠や過食がみられる傾向があります。リストカットなどの自傷行為や自殺企図が現れやすいという面もあり、注意が必要です。不登校の背景にうつ病を抱えている場合もあります。

　周囲の対応としては、医療機関で処方される抗うつ薬で状態の安定を図りつつ、勉強や課題の負担を軽減し、休養を勧めることが基本です。本人の症状やつらさに耳を傾けながら、周囲も焦らずに辛抱強く見守り続けていくことが必要です。

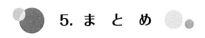

5. まとめ

　教育相談には、精神的に不調を来し、不適応状態や精神症状を呈している子

どもたちからの相談が多く寄せられます。第1節で述べたように、こうした状態ははっきりと原因が特定できるわけではなく、様々な要因が影響して生じています。昨今では神経科学や脳機能の研究が進歩し新薬の開発にもつながっていますが、まだ完全に精神病理のメカニズムが解明されたわけではありません。ただ、教育相談に関する限り、いずれにしても薬にすべてを任せることはできません。子どもたちは、周囲の人や環境と相互作用しながら成長しています。薬も有効な手立てになりえますが、人とかかわりながら、人と人との関係で支えていくことを忘れてはいけません。つらい時に自分が支えられた体験をした人は、その経験を大事な心の柱にしていきます。その他の子どもたちも、不調を抱える人にどう接するのか、どう支えていくのか、大人の対応をしっかり見ています。この章のもう一つのテーマである発達という視野に立つと、問題や不適応、病理なども子どもたちの成長・発達の一つの道すじととらえることができるのではないでしょうか。

(卯月　研次)

＊引用文献

朝日新聞学芸部編　2001　あのね―子どものつぶやき　朝日新聞社
傳田健三　2004　子どものうつ―心の叫び　講談社
平井孝男　2004　うつ病の治療ポイント―長期化の予防とその対策　創元社
平野直己・小田切亮　2012　7. 児童期の心理臨床　永井撤（監）青木紀久代・平野
　直己（編）乳幼児期・児童期の臨床心理学　培風館
河合隼雄　1992　子どもと学校　岩波書店
前田重治　1994　続 図説 臨床精神分析学　誠信書房
村瀬孝雄　1996　中学生の心とからだ　岩波書店
重松清　2005　きよしこ　新潮文庫
渡辺弥生　2011　子どもの「10歳の壁」とは何か？　光文社新書
山登敬之　2010　新版 子どもの精神科　ちくま文庫

Chapter

教育相談の現場（1）
不登校の理解

　不登校は、教育相談の中でも特に相談件数が多い問題です。近年の中学生の不登校は、およそ30数人に1人の割合で報告されています。これほど大きな問題を、私たちはどのように考えたらよいのでしょうか。学校に行けないことの背景には何があるのでしょうか。その一人ひとりを学校に戻す手立てはあるのでしょうか。そして、「学校に行かない（行けない）」状態とは、当事者にとってどのような体験なのでしょうか。
　こうした疑問をもちながら、本章では不登校についての理解を深めていきます。まず統計的なデータなどから不登校の概要を知り、その上で当事者の気持ちに目を向け、どう理解し、支援するのかを考えていきます。

 1. 不登校の概要

(1) 不登校問題の推移

　不登校の定義として、文部科学省は年間30日以上欠席した児童生徒のうち、病気や経済的な理由を除き「何らかの心理的、情緒的、身体的、あるいは社会的要因・背景により、児童生徒が登校しないあるいはしたくともできない状況にある者」としています。小・中学生の不登校児童生徒数の割合は、図6-1のように推移しています。

　平成13（2001）年度までは不登校児童生徒数は毎年増加し、以後は漸減または横ばい傾向にあります。平成25年度の場合、小学生では約0.4%（276人に1人）、中学生では2.7%（37人に1人）の割合となります。

　学校に行けない・行かない状態は共通でも、その内実や背景は様々です。こうした状態をどのようにとらえたらよいのかという難しさは、その名称や概念

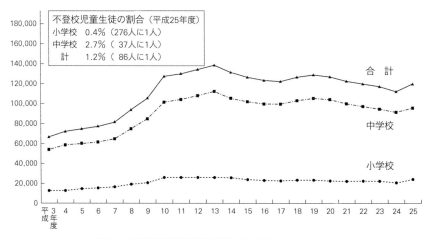

図6-1 不登校児童生徒数の推移（文部科学省ホームページ 平成25年度「児童生徒の問題行動等生徒指導上の諸問題に関する調査」について より）

の変遷からもわかります。古くは、1930年代のアメリカで、truancy（ずる休み・怠け）の中に「学校に行きたいけど行けない」という（神経症的）葛藤をはらむ子がいることが報告されています。その後、「学校恐怖症」school phobia や「登校拒否」school refusal という用語が使われるようになりましたが、日本では1990年代頃より「不登校」という用語が多く使われています。これは、「恐怖」や「拒否」など、特定の状態を連想させる用語が誤解を招き対応のズレにつながることがあり、広く学校に行けない・行かない状態のみを指す用語の方が望ましいと考えられたためです。

呼称だけでなく、その受け止め方も変わってきています。平成4（1992）年の学校不適応対策調査研究協力者会議報告では、「登校拒否はどの子どもにも起こりうるものである、という観点に立って登校拒否をとらえていくことが必要である」という表現が盛り込まれ、一部の特別な事情をもつ子どもの問題ではないとのとらえ方が示されました。一方、同報告では「あくまでも児童生徒の学校への復帰を目指して支援策が講ぜられる必要がある」との記述も見られます。平成10（1998）年の中央教育審議会答申では、「早く登校できるように

なるということにこだわるのでなく、子どもが不登校を克服する過程でどのように個性を伸ばし、成長していくかという視点を持つことが求められる」との方針が示されています。平成 15（2003）年の不登校問題に関する調査研究協力者会議報告では、「不登校の解決の目標は、児童生徒が将来的に精神的にも経済的にも自立し、豊かな人生を送れるよう、その社会的自立に向けて支援することである」と記されています。学校復帰だけを目指すのではなく、その子の成長や将来的な自立に重点が置かれるようになってきました。また、「地域において教育センターや適応指導教室が核となり、学校や他の小規模な適応指導教室、児童相談所、警察、病院、ハローワーク等の関係機関、更には民間施設や NPO 等と連携し、不登校児童生徒やその保護者を支援するネットワークを整備することが望まれる」と、学校内でのみ対応するのではなく、学外の関係機関とも協力することを求めています。

【コラム 6-1：不登校の A 君①】

　小学生の頃から成績がよく、学級委員や児童会の役員を務め、友だちも多く、周囲の人望も厚かった A 君。中学入学後も部活動の学年代表を務め、順調な中学生活が始まったかに見えました。しかし、中 1 の 2 学期から「疲れた、だるい、休みたい」と訴え、学校を休み始めます。周囲は、がんばりすぎたのだろう、しばらく休んで元気になったら行けるだろう、と見ていましたが、中 2 になっても不登校は続きます。中 2 の 2 学期、A 君はお母さんと一緒にカウンセリングにやって来ました。

　A 君は、カウンセリングの中で毎回学校復帰の計画を語ります。「2 学期は家で勉強をして、3 学期になったら…」。3 学期になっても登校できないと「3 月までは体力をつけて、4 月から…」。年度があけると、「4 月は家で 1、2 年の勉強をして、中間テストから…」。もともと優等生タイプの子で、がんばり屋でした。ところが、計画通りには全く進みません。

　A 君の真面目さや登校したい気持ちの強さ、その一方で思考と気持ちのズレ、できないところ（勉強の遅れ）を見せたくないプライド、などが垣間見えましたが、登校できない背景に彼が何を抱えているのか、なかなか見えてきませんでした（その後の展開はコラム 6-2 へ）。

（卯月　研次）

不登校をどのように理解し対応するかは、この問題の広がりとともに、しだいに変わってきたことがわかります。

(2) 不登校の背景——様々な原因論

児童生徒が学校に行けなくなると、周囲の大人は「なぜ行けないのか」と原因や理由を考えます。しかし、不登校の場合は、子ども本人にすら原因がわからないことが多いのです。「嫌なことがあったから休んでいるのだろう」、「原因を取り除けば登校できるだろう」といった単純な発想では、なかなか子どもの状態を理解することはできません。私たちの発想を広げるために、不登校の原因論にはどのようなものがあるのか、概観しておきましょう。

伊藤（2000）は、代表的な不登校の原因論を次のようにまとめています。
①個人的要因に帰する説（自主性や自発性の乏しさ、対人関係の未熟さなど）
②家庭的要因に帰する説（過保護・過干渉的態度、放任あるいは厳格すぎる態度、両親の不仲など）
③学校の要因に帰する説（学校環境の魅力の乏しさ、教師の対応能力の乏しさなど）
④社会の要因に帰する説（知育偏重、受験競争、地域社会の弱体化など）

その上で、この一つひとつが即不登校を生むのではなく、こうした原因が絡み合った状況が下地になって、そこにいじめなどのきっかけが加わることで不登校に至るとしています。

精神科医師の滝川（2004）は、「現在の不登校は、どんな負荷要因でも、登校を持続する動機や意欲をたやすくそこなってしまうほど勉学や学校の意義が子どもたちの間で薄れているという現象です」と指摘しています。つまり、不登校を助長するような問題が新たに増えているというよりも、学校や勉強の意義や魅力が低下しているというのです。経済的・文化的な貧しさから社会全体が上昇しようとしていた時代には学校や勉学がもたらす可能性が人々の「夢」を引き寄せていました。しかし、豊かな文明社会が達成されてしまうと、学校に通える喜びや、勉強することで自分や家族や社会がもっと豊かになる、という期待感よりも、多くの課題を与えられ、人間関係のストレスにさらされる場

所として学校生活を体験している子どもたちが多くいるのかもしれません。今までの学校制度や教育方法に見直すべき点はないかと滝川は指摘しています。

こころの医学事典（講談社）では、「不登校には、明確かつ単一的な原因はありません」とした上で、その成り立ちを図にしています。

登校に不利な条件のからみ合い（図6-2左）から、疲労感や身体症状を呈し始め、そこに登校義務感や周囲からの圧迫が加わることで悪循環に発展するとまとめています（図6-2右）。この図ですべての不登校の状態を説明できるとは限りませんが、様々な準備条件や増悪因子がどのように関係するか、そして合併して二次的に生じる問題などがわかりやすく示されています。

このように様々な原因論があることからもわかるように、一面的な価値観や原因論で不登校を理解することはできません。周りの大人が「なぜ行けないのか」と思うのは自然なことです。ただ、「なぜ」の答えはすぐに見つかるとは

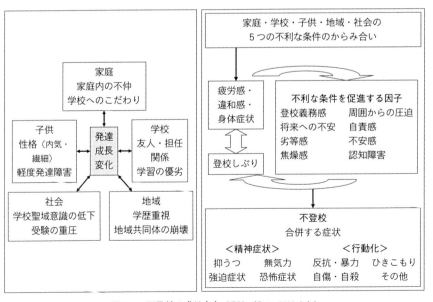

図6-2　**不登校の成り立ち**（野村・樋口、2003より）

>>> 1. 不登校の概要

限りません。「なぜ」の代わりに、「どんな経過をたどって行けなくなったのだろう？」「登校できていた時はどんなふうだったのだろう？」「休み始めた時に周りはどう対応したのだろう？」「休んでる間は何をして過ごしているのだろう？」などと辛抱強く様子を知ろうとする疑問に置き換えると、その子の体験している状況が見えてくるかもしれません。原因や「なぜ」の疑問にとらわれすぎずに、複雑で繊細な子どもの気持ちへの共感性を高めることが求められます。

2．不登校状況への理解

(1) 大人の側の反応

　ここまで紹介したような不登校の統計データや国の文書、原因をめぐる学説などは大事な参考資料ですが、あくまで不登校という現象を総体でとらえた客観的な視点からのものです。次に、当事者がどのような気持ちを体験するのか、子どもや保護者の視点に目を向けてみます。

　まず、子どもが登校しなくなった時に親や教師など周りの大人がどのような反応・対応をしがちであるかを取り上げます。この問題の難しさの一端をよく表していると思います。児童精神科医の河合（1986）は、不登校の子どもをめぐる親・教師・専門家などの周囲の大人の対応を3つに分けて論じています。

①常識的な矯正を目指すもの

　登校することを当然ととらえ、再登校させるためにあらゆる働きかけをするものです。頭ごなしの叱責、無責任な激励、脅迫的態度、懇願、哀願などが挙げられます。

②"科学的中立性"による対応

　一部の専門家による言説・助言を鵜呑みにしてしまうことで、子どもの「現実生活」を無視した"治療という名の下に行われる諸行動"の危険性を指摘しています。個別性を考慮しない、いわゆるマニュアル的対応といえます。

③子どもの立場に立つこと

　先の２つの対応には"子どもの立場"に対する関心と尊重が欠けている点を指摘した上で、子どもたちの示している現象を距離を置いて見守る態度、自然な成り行きをあるがままによく観察することが必要と述べています。

　③の対応が望ましいとは言え、はじめからそうできる大人は決して多くありません。子どものことが心配だからこそ、常識的解決である再登校に向けて懸命に働きかけるのであり、自分のやり方ではどうにもならなくなったら専門家の言葉にすがりたくなるのも当然です。親をはじめ、周囲の大人もどうしてよいかわからず、動揺するものなのです。不安になって余裕を失えば失うほど、子どものありのままの状態が見えにくくなります。そして子どもの気持ちと大人の対応がかみ合わないまま、親や教師と子どもとの関係がこじれてしまうことが少なくないのです。登校するかどうかだけに目を奪われて理論や対処方法を模索するだけではなく、目の前の子どもの状態に目を向け、その体験と気持ちに寄り添うことが大切です。

　では、当事者である子どもにとって、不登校とはどのような体験なのでしょうか。

(2) 当事者の体験

　小学校４年生から中学卒業まで不登校をしていた堂野博之さんは、著書「あかね色の空を見たよ」の中で不登校時代の自分の体験を語っています。

　「私は普通のいい子のはずでした。それが学校を休みだして、いつごろからか、母親をクソババァと呼び、なぐり、蹴り、障子やふすまを破り、部屋のなかにつばを吐くようになったのです。」（堂野、1998）

　そして、その頃の心境を何篇もの詩や絵で表現しています。

　学校に行けずにいる子どもの気持ちを想像しながら、詩を読んでみてください。周囲の大人は学校に行けるかどうかという行動面の変化に関心を向けがちですが、子ども本人は全く違う次元でつらさを抱えていることがわかります（図

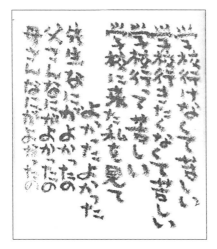 

図6-3a　　　　　　　　　図6-3b （いずれも堂野、1998より）

6-3a)。また、クラスメートは堂野さんが喜ぶだろうと思って迎えに来たのではないでしょうか（図6-3b）。周囲の友だちや大人が、その子のために良かれと思ってすることが、かえって子どもの負担になったり、精神的に追い詰めてしまうこともあるのです。もちろん、友だちや先生の訪問を喜ぶ気持ちもあるので、一概に家庭訪問はいけない、などとマニュアル化はできません。電話、メール、手紙などでの連絡、プリントを届けることなども、子どもの気持ちや状態に配慮する必要があるでしょう。善意からの行動であれば良い結果をもたらすとは限らないのです。

　ルポライターの江川（2001）がまとめた『私たちも不登校だった』では、8人の不登校経験者が紹介されています。本人の側からだけでなく、周囲の人へのインタビューもまじえて江川氏の視点からまとめられたものですが、それだけに本人を取り巻く家庭や学校の状況、時間的な経過などの全体像が見えてきます。小学5年で学校に行けなくなった女性は、当時はうまく説明できなかった自分の状態をインタビューの中で次のように語っています。

　「子どもの頃の私は、神経質にがんばるタイプだったんですね。自分はこ

うあるべきという理想像があって、それに向かってがんばり過ぎた。子どもにとって学校は、イコール社会。そこで不完全な自分を見せたくないという気持ちが強かったと思うんです。それで、気持ちがいっぱいいっぱいになってしまって、でも理想に到達できないで、どうしたらいいか分からなくて、つらくなってしまう状態でした。」

そして、その本人の性格に加えて、几帳面で厳しい担任に叱られたことや、家族が余裕をなくしていた時期などが重なり、学校に通えなくなります。江川氏は、先生にきつく叱られた時の彼女について、「叱られても後ろをむいてペロリと舌を出す調子のよさも、先生の前では殊勝にして陰で悪態をつくことで気持ちのバランスを取る要領のよさもなかった」と表現しています。真面目にがんばることは美徳とも言えますが、それゆえに追い詰められて消耗していく子どももいるのです。この女性の場合のように、周りからしっかりしていて真面目な子と思われると、それがより一層周囲からの理解と支援を得にくくさせてしまうことがあります。

不登校の渦中にいる子どもは、自分が何に苦しんでいるのかをうまく説明できません。こうした本などで紹介されている事例も参考にしながら、子どもの気持ちに対する大人の想像力の幅を広げておくことが役立ちます。

3. 適切な理解と対応のための視点

子どもたちの気持ちを理解するためには、本人がうまく話せなくても、そして学校とは関係のない話でも、その子の言葉によく耳を傾けることが基本です。しかし、それで簡単に子どもの状態を理解できるとは限りません。

人間は、見たり聞いたりした情報を、自分の認知を通して意味づけし、理解します。したがって、自分でも気づかないうちにもっている偏見や先入観などで認知に偏りがあれば、現実の受け止め方も偏ったものになります（第4章の認知療法参照）。朝起きられない、おっくうそうにダラダラと行動する、昼間も寝てしまう、そんな子どもの様子に接すると、大人の側は「だらしがない」「根

性がない」「我慢が足りない」などと見てしまいがちです。その疲れ切った様子が子どもが精一杯努力している正直な姿であっても、「元気に学校に行くべきだ」という先入観が大人の認知を曇らせ、現実を受け止められなくさせてしまうのです。

　不登校の相談に数多くたずさわってきた臨床心理士の増井（2002）は、このような一般的に多くの人がもつ先入観を「常識的理解」と呼び、「不登校児の苦しさの理解のみならず、心の病気という、眼に見えないことによって生じてくる『常識的理解』がどれほどその本人や時にはその家族を苦しめ、その回復の足を引っ張っているのかという実態を私は嫌というほど毎日のように体験しています」と述べています。その上で、こうした「常識的理解」を逆説的に使った発想で不登校の子どもたちの理解を深める提案をしています。

表6-1　不登校児の苦慮の世界（増井、2002をもとに作成）

常識的理解 （そこから導かれる対応）	逆説的理解 （補足説明）
〈不登校の子は〉逃避している （周囲の対応例：「嫌なことから逃げてはいけない。」）	不登校児とは逃避している子でなく、逃避できない子である。（心のどこにも逃げ場がない苦しみと完全逃避の必要性）
〈約束しても登校しないと〉嘘つきだ・信用できない （周囲の対応例：「嘘をついてはいけない。約束を守りなさい。」）	不登校児は嘘つきではなく、嘘がつけない子である。（学校に「行く」と言っても行けないのは、どちらも本当の気持ちなのである。）
〈学校に行こうとせず〉閉じこもっている （周囲の対応例：「学校や外に行きなさい。」）	不登校児が閉じこもるのは、閉じこもれないからである。（心の中に自分が落ち着ける部屋がない苦しみ）
〈説得しても従わず〉頑固だ （周囲の対応例：「もっと人の言うことを聞きなさい。」）	不登校児は頑固でなく、影響を受けすぎる子である。（影響されすぎるゆえの頑固さ）
〈積極的に何かしようとせず〉無気力だ （周囲の対応例：「やる気を出しなさい！」）	不登校児とは無気力でなく、意欲がありすぎる子である。（無気力に見えるのは、肥大した意欲や期待から膠着状態に陥っているからである。）

表6-1は、増井（2002）の主張を筆者がわかりやすくまとめたものです。常識的理解から導かれる対応の例は、筆者がつけ足しました。

　嫌なことがあってもがんばったり、落ち込んでも回復することができるのは、心の中に逃げ場や休息場所があり、そこで回復できるからだ、と考えることができます。それは、空間というよりも生きる態度のようなものです。きついことを言われても適度に受け流せるしなやかさかもしれませんし、殊勝な態度をしていても心の中ではケロッとしているしたたかさかもしれません。パッと気持ちを切り替えられる人もいるでしょうし、周りに強く主張して嫌なことをはねのける人もいるでしょう。いずれにしても、自分の心が傷つくような事態に直面したら、そこから逃げずにさらされ続けることはできないのです。学校という場所にいて自分の心が傷つき、そしてそれをはねのけたり、受け流すこともできない時は、物理的にその場から遠ざかるしかなくなります。これが、一見すると嫌なことを避けて逃げているように見えるのです。そうせざるをえない切実な事情が背後にあると理解しましょう。

　表6-1を見ると、一般に大人が抱きがちな常識的発想が、どれだけ対応のずれにつながるかがよくわかります。心を守るために逃げざるをえなくなっている子どもに、嫌なことから逃げるなと言うのは、「もっと傷つけ」と言うようなものです。周りに合わせすぎてしまった子が、もうこれ以上人の言う通りにはできない、と自分を守ろうとしているのに、「頑固だ。もっと人の言うことを聞きなさい」と対応するのは成長や回復の足を引っ張ります。その子の状態をどう見るかで、対応が大きく変わるのです。増井の逆説的理解は、不登校の子は逃げないし、嘘をつかないし、頑固ではなく、意欲的だ、と文字通りに決めつけるものではありません。大人が自分の常識的理解を問い直し、目の前の子どもをよく見て、発想を広げるためのコツを提案しているのです。

　表面的な問題行動だけを見て、それを早くなくそうとすると、対応を誤ることがあります。問題行動や、心に由来する身体症状（心因性の頭痛・腹痛など）は、何らかの必然があって出ていると考えられます。本人すら気づいていない心のSOSかもしれませんし、自分の心を守るための無意識的な防御反応かもしれ

ません。一般的で常識的な考え方で視野を狭めずに大人の側が発想を柔軟にすることで、その子の理解が深まり、そしてそれが子どもの気持ちにも余裕を与えることになるのです。

4. ま と め

これまで見てきたように、不登校への対応は画一的にマニュアル化できるものではありません。基本的な方向性として、2003年に文部科学省が出した「不登校への対応について」を見ておきましょう。不登校への対応にあたって、5

【コラム6-2：不登校のA君②】

A君は、来月までにこれをやり、次はこうやって、そうすれば何月からは教室に戻れる、と学校復帰までの計画をカウンセリングの中で何度も話してくれました。しかし、何度計画を立てても、やはり教室に戻れないのです。言葉で言うことと実際の行動にギャップがあることはわかりましたが、それをA君が内省するには時間がかかりました。何ヵ月か経った頃、カウンセリングで絵を描いてもらうと、「どういう描き方がいいですか？ 細かく写実的なのがいいですか？ それともデザインみたいに簡単な描き方がいいですか？」と質問されました。「思った通りで、自由に」と伝えましたが、線を描くたびに彼はこういう質問を繰り返しました。そして、その次の回で絵の感想を話し合うと、「色々言いましたけど、本当は他の描き方なんてできないんです」と彼が言います。本当はできないのに、できるようなことを言ってしまう、という傾向は、まさに学校復帰の計画そのものでした。

その後のカウンセリングでは、できる以上のことをしようとして、引き受けすぎて苦しくなってしまうという傾向が、勉強でも、部活動でも、委員会でも、友だちと過ごす休み時間でさえもあったことが語られました。その傾向に気づいてもそれを簡単には変えられませんでしたが、高校受験が近づくにつれ、大きな計画を立てるよりも、やれることに絞った方が動けることを実感していきました。

高校進学後のA君は、苦手なことはできるふりをしないこと、わからないことは人に聞くこと、目標を高くしすぎないこと、などに自分で気をつけながら元気に登校を続けていきました。

(卯月 研次)

つの視点を挙げています。
　①将来の社会的自立に向けた支援の視点
　　　目標を将来的な社会的自立に置き、進路に関する学習支援や情報提供を積極的に行うこととしています。
　②連携ネットワークによる支援
　　　学校、地域、家庭で密接に連携をとり、民間施設やNPO等とも連携・協力しながら、一人ひとりの状態を見極めて、きめ細やかに適切な支援を提供することが重要としています。
　③将来の社会的自立のための学校教育の意義・役割
　　　社会性や学力を身につける上で学校には重要な意義・役割があり、まずは学校教育充実のための取り組みと学校生活に起因する問題の解消に努力することを求めています。
　④働きかけることやかかわりをもつことの重要性
　　　児童生徒の状況を理解しようとせず、必要な支援を行わずにただ待つだけでは改善につながらないので、状況をよく見極め、適切な働きかけをすることが重要としています。
　⑤保護者の役割と家庭への支援
　　　学校と家庭、関係機関の連携は不可欠であり、保護者と共通の課題意識の下で対応することが大切としています。気軽に相談できる窓口や保護者同士のネットワーク作りへの支援なども含まれます。
　対応方針の基本は、「学校は大事だが学校に戻ることだけが目標ではない」ということをよく理解することです。これは、学校に行かなくていい、と短絡的に決めつけることではありません。保護者や教師以上に、学校に行かないことで不安をつのらせているのは不登校の子ども本人です。学校に行かなくていいと言われても、自分の将来に対する不安は消えません。また、学校の不安などないかのように振る舞う子どももいますが、むしろ不安が大きすぎて現実に向き合えないか、その不安を自覚するだけの精神発達段階に達していないという可能性が考えられます。中学卒業後は、定時制、通信制、単位制など様々な

形態の高校があることや、通信制との併修で高校卒業資格を得るサポート校、また学校に通わなくても高校卒業と同等な学力があることの認定を受けられる「高等学校卒業程度認定試験」など、様々な可能性があるという情報はいつでも子どもに提供できるようにしておいた方がよいでしょう。

　いずれにしても対応の指針は、学校に戻る・戻らないという結論を急がずに、一人ひとりの状態をよく見極めながら辛抱強くきめ細やかなかかわりを忘れないことです。
　　　　　　　　　　　　　　　　　　　　　　　　　　　（卯月　研次）

＊引用文献
　堂野博之　1998　あかね色の空を見たよ　高文研
　江川紹子　2001　私たちも不登校だった　文春新書
　伊藤美奈子　2000　思春期の心さがしと学びの現場　北樹出版
　河合洋　1986　学校に背を向ける子ども　NHKブックス
　増井武士　2002　不登校児から見た世界　有斐閣選書
　野村総一郎・樋口輝彦　2003　こころの医学事典　講談社
　滝川一廣　2004　「こころ」の本質とは何か　ちくま新書

Chapter 07

教育相談の現場（2）
い　じ　め

> 『わたしのいもうと』という絵本があります。
> 「ある時期、わたしもいじめにあっている。その辛さは、地獄の底をはうようであった。……あれは、たしかイソップだったと思うのだが、池のカエルが子供にさけぶのである。『おねがいだから石を投げないで。あなたたちには遊びでも、わたしにはいのちの問題だから。』」……この絵本のあとがきで、上の文章をしたためた、松谷みよ子さんは「わたしもさけびたかった」と述べています。
> 　松谷さんに「わたしのいもうとの、話を聞いてください」と一通の手紙を出した、ある若い娘さんの手紙には、小学生の時、転校先でいじめに遭い、登校を拒否し、そのまま心を閉ざしてしまった妹さんの思い出が綴られていました。「わたしをいじめたひとたちは、もうわたしをわすれてしまったでしょうね」という言葉を残して、妹さんは、ある日ひっそりと亡くなってしまったそうなのです（松谷、1987）。
> 　なぜ、子どもたちは、自分たちの仲間をいじめ、時として死に追いやるほどになってしまうのでしょうか。いじめという現象について学び考えることで、私たちの生きている現代社会の闇を、子どもたちの心の世界の苦しみを、いじめをする心を理解し、克服する道を探ってゆきましょう。

　1. いじめの心理　

　なぜ、いじめは起こるのでしょうか？　『西の魔女が死んだ』（梨木、1996）の主人公「まい」は、ある日、「私はもう学校へは行かない。あそこは私に苦痛を与える場でしかないの」と、不登校宣言をします。観念したママは、田舎のおばあちゃんのところにまいを預けることにしましたが、実はおばあちゃん

は「魔女」だったのです。おばあちゃんとの「魔女修行」の暮らしの中で、まいの心は少しずつ瑞々しさを取り戻し、自立心を育ててゆきます。やがて転校することが決まってからのおばあちゃんとの語らいの中で、まいは自分が受けたいじめについて、以下のように振り返っています。

「女子の付き合いって、独特なんだ……クラスの最初にバタバタって幾つかのグループができるんだ……最初気の合いそうな友達のグループに入るまでがすごく気をつかう……グループができるときの心理的な駆け引きみたいのが……グループになりたいなって思う子の視線を捉えてにっこりするとか、興味もない話題に一生懸命相づちを打つとか、行きたくもないトイレについて行くとか……何となくあさましく卑しく思えて……今年はもう一切そういうのやらなかった……そうしたら……結局一人になっちゃった……。」

クラスメートたちは、まいを敵に決めて、それぞれのグループがお互い友好的になろうとした、とまいは語ります。そして、おばあちゃんは、「この場合の根本的な問題は、クラス全体の不安」と看破しました。

私たちの心には、"影(シャドウ)"が住んでいる……。深層心理学者のユングは、人間の心の世界を、夢を分析することを通して、理解を深めてゆきました。河合 (1967) は、"影"について「その個人の意識によって生きられなかった半面、その個人が認容しがたいとしている心的内容であり、それは文字通り、そのひとの暗い影の部分」をなす、と説明しています。「まい」の経験を通して言うならば、まいの周囲の友達は、お互いにお互いを、心からは信頼できていない、そのような関係にあると推測されます。そしてそのことは、クラスメートの一人ひとりが、自分自身の深みとつながっていない、または、自分の心の奥底に自分でも気がついていない自分がいる、あるいは、思春期を迎えて新しい自分が目覚め始めている、そのような不安な心理的状況にあると考えられます。

中学1年生の女の子たちが、それぞれの心の中の、自分でも気づきがたく認めがたいコンプレックスを、自分自身ではなく、まいが備えているとみなしたのでしょうか、あるいは、まいが、自分たちの認めがたいコンプレックスを刺

激し、意識するように仕向けると感じたのでしょうか。クラスメートたちは、まいを仲間外れにする、まいの存在を認めない、という行動を共有することで、自分たちの不安を和らげたり解消することをしていたのだと考えられます（そして、実はまい自身も、いつも不安で、自分のやっていることに自信がない、そんな少女でした）。

　ひとつには、まいの場合、まいの祖母が外国人であったこと、まいの外見風貌が一人だけ、どことなく違ったであろうことが、その背景にあったと考えられます。まいのママも、ハーフだったせいもあって、学校というものについぞ溶け込めなかったようです。まいは、ママがまいの苦痛について聞こうとしなかったのは、ママは、学校生活というものを追体験するのが嫌だったのかもしれない、知るのが怖かったのだろう、と想像しています（教育相談においては、場合によっては、保護者のこうした心情に配慮が必要なことも起こり得ます）。

　中学生の年齢の友達関係は、精神科医 S. サリヴァンのいうところの、チャム・シップの時期です。この年頃は、同性同年齢の特定の友人と仲良くなり、共通点を媒介にしてつながり、友人関係から異質性を排除するという特徴があります。その背景には、自我の目覚めの時期を迎え、自己と他者の違いに敏感になり、不安な心理になりやすいことが考えられます。そのような時、お互いに同質性を確認し合うことで不安を解消し、同質性を脅かす存在を排除するという心理が起こりやすくなります。

　また、多勢に無勢ということは、いじめがきわめて起こりやすい状況です。このことは"ペックナンバー"という現象からも説明がつきます。もともとは、一定数の鳥を狭い鳥籠の中に閉じ込めておくと、順番に突き合いを始め、最下位の鳥に向かって、順番ができる……という現象を指しますが、その結果として、1番弱い立場の鳥が死んでしまうと、2番目に弱い鳥が、同じつらい目に逢うのです。つまり、その集団の中で、たまたま弱い立場とみなされた存在がいじめに逢うのであり、別の集団の中であれば、いじめられない可能性が十分にあるのです。

　まいは転校先の学校で、一匹狼的な存在の"ショウコ"と出会います。新しい学校にも、転校前の学校ほどではないにしても派閥のようなものはあり、歯に衣着せぬ物言いをするショウコは、群れは必要とせずとも、少し浮いていま

した。一方、おばあちゃんと暮らす前のまいは、時々ひどい「ホームシック」(日く胸が締めつけられるような寂しさ)に悩まされていましたが、転校してからのまいは、不登校を乗り越え、おばあちゃんとの約束を黙々と果たす、粘り強い少女に変わろうとしていました。そして、そんな二人は、自然と仲良くなったのです。

2. いじめの定義の変遷

2012（平成24）年度の文部科学省の資料（図7-1）を見ると、いじめの認知件数は、小学校では4年生でいったんピークを迎え、さらに小学校6年から中学1年にかけて最も増加し、中学2年で小学校4年の水準に戻り、以降に減少の傾向を辿っています。

不登校に関連して、"中1ギャップ"の現象が指摘されていますが、いじめに関しても同様の傾向が見て取れます。また、"10歳の壁"と称されるように、自我が芽生え始め、学習内容の抽象度も上がる小学4年生での学校適応のつまづきの問題も窺われます（＊平成25年度の文部科学省の調査による速報値では、小学2年から5年までのいじめの認知件数が中学2年のそれを上回るという、小学校でのいじめの増加傾向、いじめの低年齢化の傾向が示されています）。第二次性徴の始まる前、いわゆる前思春期と言われる小学校の高学年から、ほとんどの子どもに第二次性徴が訪れる中学2年生にかけては、子どもたちの心身が、大変に不安定になることが想像されます（ただし、後述するように、大人の目に触れにくいネットいじめは、インターネットに親しむ中学から高校にかけてが、圧倒的に多くなっています）。

いじめの定義については、いじめによる子どもの自殺等の事件が起こったことを契機に、過去に数回の定義の見直しが行われてきました。1980年代、日

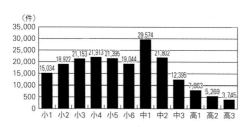

図7-1 学年別いじめの認知件数のグラフ（国公私立）
（文部科学省、2014より）

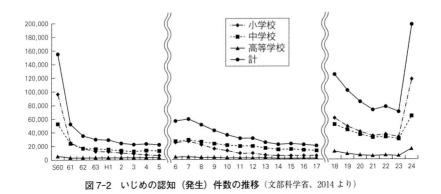

図7-2　いじめの認知（発生）件数の推移（文部科学省、2014より）

本の学校でいじめの嵐が吹き荒れ、痛ましいことに多くの子どもたちが、命を自ら絶ってゆきました。そして、90年代半ば、さらには、2005年から06年にかけて、第2、第3のいじめ自殺の波が、子どもたちを見舞いました。その後、さらに第4の波というべき2011年に大津いじめ事件が起こったのです（図7-2）。

　1986年（昭和61年）2月、東京都の中学2年生がいじめを苦に、「このままじゃ生き地獄になってしまう」というメッセージを残して自殺をするという出来事が起こりました（鹿川くん事件）。このいじめには教師もかかわっていたこともあり、当時の世の中に、強い衝撃を与えました。1985年（昭和60年）度、文部省によって初めていじめの調査が行われ、翌年の1986年度には、いじめの定義として、「自分より弱いものに対して一方的に、身体的・心理的な攻撃を継続的に加え、相手が深刻な苦痛を感じているもの。なお、起こった場所は学校の内外を問わないこととする」かつ「学校としてその事実を確認しているもの」としました。

　1994年（平成6年）秋に、愛知県の中学2年生がいじめを苦に自殺したこと（大河内くん事件）を重く見て、文部省は定義や調査法を見直し、「学校が事実を確認している」ことを定義から削除し、いじめかどうかについて表面的・形式的に判断することなく、「被害者の立場に立って」行うとしました。

　2006年（平成18年）秋に福岡県の中学2年生がやはりいじめにより自殺し（森くん事件）、社会問題化したことを踏まえて、文部科学省は再度、定義や調査法

を見直し、94年度の定義から、「一方的に」「継続的に」「深刻な」といった限定的な表現を削除して、「一定の人間関係にある者から、心理的・物理的な攻撃を受けたことにより、精神的な苦痛を感じているもの」と見直しました。また、それまでは調査結果は「発生件数」として扱われていましたが、「認知件数」という表現に変更し、学校に認知されていないいじめも発生している、という認識を示しました。さらに、従来の公立校に加えて国立私立校を初めて調査対象に加え、アンケートなどで子どもから直接に答えを訊く機会を設けるなど、学校や教師がいじめと認識しているかどうかに頼らず、子どもたちの生の声を掬い上げようという姿勢を強めました。調査方法を変えた結果、2006年度のいじめの実態調査の結果（認知件数）は、全国の小中高校などを合わせて12万件余に上り、2005年度の調査結果（発生件数）の約6倍もの数になりました。さらに、2011年（平成23年）の大津いじめ事件（中学2年生の生徒が自殺）を受けて、2012年の調査では、前年度（7万件余）の約3倍に近い19万8千件余の認知件数に上りました（なお、この大津の事件の後、後述する「いじめ防止対策推進法」が2013年に成立、施行されました）。

　このように、いじめとは、定義や調査法を変えることでも、見た目の数値は変化しますし、立場によっても受け止められ方は異なります。いじめる側や周囲がいじめと認識していなくても、いじめられる側にとっては苦痛となることも、よくあることです。肝心なことは、いじめの被害を受けて傷つき、悩み苦しんでいる子どもたちの気持ちに寄り添い、そうした子どもたちの立場に立って、いじめられている子どもの心と体を守ることなのです。

3. いじめの構造と実態

　文部科学省は、いじめの様態を、次のように区分しています。すなわち、「仲間はずれ」「冷やかし・からかい」「集団による無視」「お節介・親切の押しつけ」「持ち物隠し」「言葉での脅かし」「暴力を振るう」「たかり」です。特に「言葉での脅かし」、「暴力」、「たかり」などは、刑法の観点からは犯罪行為と見做される場合もありま

すし、たとえ犯罪行為と見做されなくても、人の心を深く傷つける行為であり、"遊び"や"ふざけ"などの表現では収まらない、容認できないことなのです。

なぜ、犯罪のレベルにまでエスカレートするいじめが、遊びやふざけなどの軽いものに見なされてしまうのでしょうか？　森田（1986）は、いじめが、被害者と加害者の他、観衆（いじめをはやし立てて面白がって見ている子どもたち）と、そして傍観者（見て見ぬふりをしている子どもたち）の四層の子どもたちが絡まり合った構造の中で起こっていることを明らかにしました（図7-3）。しかも、複雑なことに、聴衆や傍観者、さらには加害者でさえも、常に被害者の立場に陥れられる可能性があり、立場の入れかわりが起こる不安を誰もが抱いていると、森田は指摘しています。こうした潜在的な不安感情、すなわちいじめた経験といじめられた経験を同時にもっているのが、被害・加害者層の子どもたちなのです。さらにつけ加えるならば、かつて被害者であった子どもが加害の側に転じることも、いわゆる"被害者の加害者化"として、見過ごすことのできない現象でしょう。このことからも、大人は被害に遭った子どもを護ると同時に、加害の側の子どものケアにも力を尽くさなければなりません。

観衆は、直接いじめに手を下していないけれども、加害者にとってはいじめを積極的に是認し、後押ししてくれる促進的作用として加害者側の存在です。また、傍観者は、自分が被害者になることを恐れ、優勢な加害者側の力に対して従順であり、いじめを暗黙のうちに支持する役割を果たし、その意味でいじめ促進的な作用として働きます。傍観者の立場における集団への同調志向も高いことが指摘されています。転じて、傍観者がひとたび、いじめに対して問題意識を示

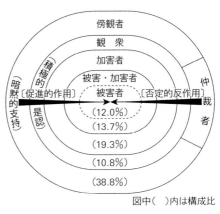

図中（　）内は構成比

図7-3　いじめ集団の構造
（森田・清永、1986より）

し、仲裁者の役割を取るようになれば、いじめの抑止力になりうるので、この傍観者層がいじめに対して、促進作用をもつのか、いじめに対して否定的な抑止作用に転じるのかは、集団にとって、被害者にとって、重要な岐路となります。森田らの調査（1985、1990）によれば、いじめ被害の多さは、加害者や観衆の人数よりも、傍観者の人数と最も高い相関があると指摘されています。正高（1998）も、いじめの集団力動における傍観者の存在の重要性を指摘し、いじめは傍観者の数と相関することを報告しています。

　さらに、子どもたちが傍観者でいられない状況も起こってきています。すでに紹介した「まい」の事例のように、「ひとり」対「クラス全員」が今のいじめの典型的構造であるという指摘も出ているのが現状です（山脇、2006）。山脇は、いじめが起こっている集団の中では、子どもたちは感覚を鈍磨させ、残酷になるという形で、環境に適応せざるをえないと指摘しています。極力、傍観者であろうとしている子どもも、自分が被害者になりそうになると、加害者に転ずるをえなくなる集団圧力があると考えられます。いじめに参加していないと見なされてしまうと、裏切り者とされ、次の被害者としてターゲットにされてしまうのです。加害者は、被害者がいじめられてしかるべき理由を作り出し、加害者は罪悪感を感じずに、被害者の心身の痛みと傷つきに鈍感になり、残酷ないじめに順応してゆくと考えられています。

　精神科医師の中井久夫（1997）は、いじめの過程を「孤立化」「無力化」「透明化」の三段階に分けて詳細に分析しています。第一の「孤立化」の段階では、誰がいじめの標的になったかを周知し、その子がいかにいじめられるに値するかをPRします。第二の「無力化」の段階では、さらに反撃には懲罰で制し、特に大人に訴え出ることは卑怯であると思いこませます。被害者はすべての段階で周囲にサインを出しつづけるが、受け取られる確率は低く、被害者は、孤立の中で無力感を強めてゆきます。第三の「透明化」段階では、「選択的非注意」によって、いじめが行われていても、傍観者にはそれが風景の一部、もしくは全く見えなくなる、と指摘されています。恐ろしいことに、いじめが透明化してしまい、注意すら払われなくなってしまうのです。この段階では、よほどめざとい

大人の眼にしかいじめの実態は認められず、また、当の子どもでさえ、大人に「いじめられているのではないか」と尋ねられると、激しく否定し、しばしば怒りだす、それは「何を今さら」「もう遅い」という感覚であり、自分のことは自分で始末をつけるという最後のイニシアティヴ感覚を失うことへの反応であり、ぜひ理解しなければならないのです。しかし、一方で、子どもの最後の誇りとして、「いい子」でありつづけようとし、それが失われそうになった時に行われるのが自殺であるとも鋭く指摘されています。いじめという暴力に対して被害者もまた"鈍感"になっているように見えることがあっても、それは子どもが尊厳を守って生き延びるための必死の努力と葛藤の姿である、そのギリギリの苦しみを一刻も早く理解しなければならない、と中井は述べています。

　なお、近年ではテクノロジーの発達に伴い、インターネットや携帯メール、さらにはLINEなどによるいじめや犯罪が深刻化しています。対面や電話によるコミュニケーションのように、相手の表情や気配の読めないネットの短文・文字空間では、お互いに相手の気持ちを読み間違ったり、状況を誤解しやすく、トラブルに発展しやすい危険性をはらんでいます。現実に、ネット空間でのトラブルが子ども同士の殺傷事件に発展したことも決して少なくはないのです（2004年の長崎県の小6女子児童殺害事件など）。子どもたちによって立ちあげられた、学校内の連絡や情報交換を目的とした、いわゆる"学校裏サイト"も、ネットいじめの場になりやすく、事件化するケースや、深刻なあるいは事実無根の誹謗中傷や、重要な個人情報、さらには犯罪に関連する情報が書き込まれることもあります。学校の教師や教育委員会、保護者などの一般市民、さらにはネット事業者がいじめや名誉棄損など人権侵害や犯罪行為がないかチェックをするシステムやサービスも多く見受けられますが、その限界も指摘されているのが現状です。文部科学省の調査（2006（平成18）年度）によると、「パソコンや携帯電話等で、誹謗・中傷や嫌なことをされる」件数は、小学校466件（0.8%）、中学校2691件（5.2%）、高校1699件（13.8%）、特別支援学校27件（7.0%）と、中学校で最多の件数となり、いじめの認知件数全体に対する割合は、高校で最多となっています。

　渋井（2008）は、悪意のあるいじめや誹謗中傷ばかりが起きるのではなく、

中高生が行っている、いわば「友人の情報（評価・噂）」の中に、当事者にとっての誹謗中傷に相当するものがある、と指摘しています。もともとは、いじめの手段として使用されるのではなく、「共同性」を強化するために、噂話を共有するコミュニケーションが行われている、というのです。心理的な親離れをする思春期を迎えた子どもたちの不安定な心に、他者とつながることで安心したい、自分の存在の意味を実感したいというような孤独感や空虚感がある場合、よりインパクトの強い情報や刺激的な情動を共有することで、いわば"つながり感"を強化したい、というような心性が働くのではないでしょうか。厚生労働省の調査（2013）によると、日本全国でインターネット依存の中高生が51万以上いると推計され、そのうち、病的な依存が疑われる割合は8.1％に上りました（日本経済新聞、2013/08/01）。実に4万人もの中高生が、「嫌な気持ちや落ち込み、不安から逃げるためにネットを使う」「ネットのため、大切な人間関係、学校、部活のことを危うくしたことがあった」「使用時間を減らそうとしたり、やめようとしたりしたが、うまくいかなかったことが度々あった」などの8項目中5項目に該当する、と回答している現状があるのです。嫌な気持ちや落ち込み、不安などの気持ちを潜在的に抱えている子どもほど、ネット空間に依存しやすい傾向があると考えられます。自我やコミュニケーションスキルの発達途上である中学・高校生が行うネット上でのコミュニケーションが、ともすると深刻なトラブルや、さらには病的な不適応につながりやすい危険性が少なからずあることが容易に想像されます。

4. いじめの影響

　思春期は、児童期までは依存の対象であった親や教師などの大人から精神的に距離を取るようになり、孤独を感じやすくなる年頃です。思春期の孤独や不安を共有し、支え合う友人の存在がアイデンティティの確立に大切な意味をもつ思春期に、友人からいじめを受ける、という経験は、いじめを受けた子どもの人格の核を傷つけ、その後の精神発達にも影響を与えかねない、きわめて重大

なことです。周囲にその子どもの苦しみや傷つきを共感的に理解し、支える人がひとりでもいれば、そうした苦しい経験を乗り越え、くぐり抜けてゆく道も開けるのですが、心の居場所や逃げ場がない場合は、いじめは自分を否定する経験となり、自尊心を失い、人間に対する不信が深く心に刻み込まれてしまいます。長じてからも苦しみ、さらには対人恐怖や気分障害、摂食障害、解離性障害など、精神的な病いを抱える人も、決して少なくはありません。苦しみのあまり、自ら死を選ぶ子どもも数多くいるのです。そして、その死は、その子どもを大切に思う周囲の人の心にも、一生消えることのない深い傷を残してしまうのです。それほどに、いじめは残酷なレベルにエスカレートする危険をはらんでいるのです。

　稲垣（2008）は、既述した中井（1997）のいじめの三段階を、被害者の症状論の立場から詳述しています。心の傷は、学校の中で自分が孤立していると感じることから始まり、他者とのつながりや友達との関係が感じられなくなります。自分の辛さや怒りや情けなさといった湧きあがる感情をどうすればいいのかわからず、心理的パニック状態に陥ります。孤立感が深まると、自分の存在をわかってほしいという気持ちが、しばしば問題行動として現れます。さらには、自分の存在を透明化してしまい、自ら命を絶つことも起こりえます。稲垣はさらに、いじめというトラウマ体験の被害者の心の傷の理解を、PTSD（Post Traumatic Stress Disorder；外傷後ストレス障害）の症状理解と重ねています。すなわち、PTSDの必須要件である、①過覚醒（自分を守るために、睡眠が取れない）②フラッシュバック（意識の奥深くに閉じ込めた辛い記憶が、何らかのきっかけで解凍して蘇り、パニック状態になる）③感覚の回避・麻痺（つらさを感じないよう、感情を感じなくしたり、感覚を麻痺させたり、つらさを感じさせる体験を回避したりする）という症状が、いじめを受けた子どもにもよく見られるといわれます。

　藤森（2013）は、いじめというトラウマが子どもの感情・認知・行動に与える影響について、以下のように述べています。すなわち、①感情面への影響としては、安全感・信頼感の喪失、感情調節障害とストレス耐性の脆弱化、感情の麻痺と解離、②認知面への影響としては、非機能的な信念、自尊感情の低下と自責感、無力感と意欲の低下、③行動面への影響としては、多動・注意集中

困難・衝動性の亢進、反抗・かんしゃく・攻撃的な行動、自傷行為・物質乱用・反社会的行動、という多様な影響が、発達途上の子どもの心に重くのしかかって、正常な心の発達を阻害してしまうおそれがあるのです。

　笑顔で挨拶をする子どもに対して、ついつい大人は好感を抱いたり、安心したりしてしまうものですが、ときおり、この子の目は笑っていないな、という瞳孔が固まったような、生き生きとした感情が感じられない瞳に出会うことがあります。たとえ笑顔であろうとも、「大丈夫」と言おうとも、そうした表現の奥の深い傷つきに、接する大人の方が"鈍感"にならないようにするには、どのような心配りが大切なのでしょうか。

5. いじめへの対応と防止

　国立教育研究所は、「中学校でいじめられなかった子は3割だけ－大半の子が、いじめっ子にもいじめられっ子にもなり得る」という1998年からの継続調査結果を発表し、中学1年から中学3年までいじめの被害が増え続ける実態を示して、予防の重要性を訴えています（朝日新聞2013/08/06）。このような現状を背景に、2013年6月には、「いじめ防止対策推進法」が成立し施行されました。この法律は、いじめの防止について、主に、基本的な方針や施策、および重大な事態への対処について定めたもので、すでに学校現場で行われている対策を含めて、法律として明文化されたことに意義があると考えられます。学校、学校の設置者、地方公共団体、国等の関係者に対して、いじめを巡る未然防止、早期発見、事案対処を求めるもので、具体的には、早期発見のための措置、相談体制の整備、インターネットを通じて行われるいじめに対する対策の推進、複数の教職員や心理・福祉等の専門家などによる防止等のための組織の設置、速やかで適切な方法による事実確認、いじめを受けた児童生徒またはその保護者に対する支援、いじめを行った児童生徒への指導またはその保護者に対する助言、いじめが犯罪行為として取り扱われるべきものと認める場合の警察との連携、などについて、定められています。

大切なことは、いじめを受けている子どもの存在に一刻も早く気がつくこと、そして、その子どもをいじめから護ることです。場合によっては、学校を休ませることも必要です。不登校もいじめに起因する場合があり、その場合は子どもが自らを護るために、無意識的・意識的に取る、大切な手段とみなすべきです。直接的にいじめられていなくても、いじめの起こっている集団の中で、安心感を得られない、いつ自分にいじめが向かってくるかわからない不安の中で過ごしている、などの状況で、不登校が起こることもあります。
　また、いじめられている子どもの話と周囲の子どもたちの話の内容が食い違うこともよくあることです。そのような時、大多数の子どもたちの話と違っていても、被害者の子どもの話を、被害者の立場に寄り添って傾聴してゆくことが何よりも大切です。いじめの被害者と加害者、傍観者、観衆では立場が違い、立場が違えば受けとめ方も見え方も違って当然のことでしょう。よくありがちな誤解としては、"いじめられる側にも、悪いところがある"という考え方があります。しかし、人間とは不完全な存在であり、改めるべき面を備え、間違った言動をすることもあるのです。その人間であるがゆえの不完全さに対して、いじめで報いるということは間違っています。いじめもまた、間違った行為であるのです。
　いじめのターゲットとされる子どもは、いつも同じとは限りません。いじめられた子どもが、いじめる側に立つこともあります。また、いじめる側といじめられる側が、始終交代したり、変わったりする現象も起こります。誰しもが、いじめられることを恐れているのです。前に記した、存在の不安の問題、"影（シャドウ）"の問題は、かくに直視し、乗り越えることが難しいことなのです。自らの無意識の"影"に直接対決することは、心理療法においても大変に厳しい、時には危険な過程すら辿ります。例えば『ゲド戦記』の主人公"ゲド"はその傲慢ゆえに学友と張り合い、自らの"影"を黄泉の国から招き寄せてしまいました。親友の友情に支えられながら、死の危険に挑み、自らの"影"を人格に統合し、自分の問題を克服し、再生を果たしたのです（しかし、その過程において、魔法学院長の命が犠牲となるという、象徴的なプロセスが描かれています）。
　金森俊朗（2005）は、現代の教育の課題として、"友達と豊かに交わる力を

育み鍛えること"であると述べています。すでに述べた防衛としての"鈍感さ"について、また、傍観者の存在について、金森もまた、他者の痛みを自分の痛みと感じずにいじめを継続して行う状態が後を絶たない、と憂慮しています（そして、管理や競争を強める学校には、とりわけいじめが生まれやすいことも指摘しています）。そのような雰囲気の中で、いじめを受けた子どもが立ち上がり、相手に向かいあうことは難しいことですが、周りの応援する空気を感じた時には、立ち上がりやすくなる、と金森はその分厚い教育実践の経験から力強く述べています。金森が行ったことは、子どもたちが"友達を軽蔑する自分の心"と向かいあうことを徹底的に指導すること、また、いじめを受けた子どもの悲しみを共有すること、そのために、悲しみや怒りを表現していいのだという安心感を育てること、そして、子どもがそうした感情を表現しようとした時、教師や親が絶対に支え、応援し続けるという信頼感を作ることでした。

　河村（2008）は、学級集団作りの必要条件として、「ルールの確立」および「リレーションの確立」を挙げています。他者とのかかわり方とかかわる際のルール、集団生活を送るためのルール、みんなで活動する際のルールが学級集団内に共有され定着していること、そして互いに構えのない、ふれあいのある本音の感情交流があることが、「親和的なまとまりのある学級集団」、すなわち問題が起こっても建設的に対応してゆける学級集団の育成に必要であることが指摘されています。このことは、管理型および放任型の学級においては、いじめが起こりやすいという、従来の指摘にも通じると考えられます。子どもの主体性が尊重され、ルールによって子どもたちの互いの主体性が守られ、子ども同士が主体的にかかわり合う教室においては、いじめは起こりにくいと考えられます。

　いじめアンケートの実施も、いじめは許されないことであり、学校はいじめを気にかけているというルールとメッセージを発することになり、抑止効果があるといわれています。一方で、表面化しない、潜在的ないじめや、いじめの後遺症や影響についても絶えず心を配る必要があります。いじめに苦しんでいた子どものカウンセリングの際、ちょうど実施されていたいじめアンケートについての話になりました。その子どもは、「先生たちに相談していじめは解決

した、と答えたけれど、またいじめられるのではという不安もある」と話して
くれました。このことは、周囲からの介入があり、客観的にいじめは解決した
と思えるような状況であっても、それはいじめの解決のゴールではなくて、そ
の子どもにとってはまだ、いじめられた記憶が揺り戻る心の状態があり、再び
いじめが起こりうる揺れ動く状況がある、いじめ解決へのスタート地点によう
やく立ったということを肝に銘じなくてはいけないということを私たちに教え
てくれていると思います。また、加害者や観衆、傍観者と目される子どもたち
の心の底にも、それぞれに少なからず過去や現在における傷つき体験があるこ
とについても、大人は想いを馳せて対応してゆかなければならないと考えます。

　学校現場では、いじめアンケートや個別の教育相談、担任教師と児童生徒と
のノート・日誌交換などの方法で、子どもたち一人ひとりの声を掬い上げると
ともに、いじめは許されない行為である、という認識を学校の成員の一人ひと
りが意識化してゆくこと、そうした雰囲気を護りとして漂わせつつ、全ての子
どもが、ありのままの自分を認められ、尊重されるという経験を得られる環境
を整えること、その上で、それぞれの子どもが自らの心や内面を見つめる力、
他者の気持ちを思いやる力を育むことが大切になると考えます。

6. おわりに──宮沢賢治の作品に寄せて

　教師経験のある宮沢賢治には、いじめを巡る作品がいくつもあります。『銀
河鉄道の夜』では、ザネリという少年から意地悪な言葉を投げつけられた時、
ジョバンニは、「何だい。ザネリ」と高く叫び返しました……「ザネリはどうし
てぼくがなんにもしないのにあんなことを云うのだろう……ぼくがなんにもし
ないのにあんなことを云うのはザネリがばかなからだ」。ジョバンニがザネリ
の棘のある言葉をはねつけることができたのは、父親の帰りを待つジョバンニ
の寂しい気持ちに寄り添い、深い共感を示してくれた親友カムパネルラや、さ
らには父親の親友でもあるカムパネルラの父の見守りが、大きかったのではな
いかと思われます。カムパネルラは、ジョバンニがもの想いをしていて先生の

質問に答えられなかった時、自分は答えが分かっていただろうにもかかわらず、一緒に沈黙を貫いてくれました。また、カムパネルラの父は、自分の息子の水死の場面においてすら、父親不在のジョバンニの心をいたわってくれたのです。

『気のいい火山弾』に登場するベゴ石は、稜がなく、非常にたちがよくて、一ぺんも怒ったことがありません。周りの稜のある石たちからからかわれても、「ありがとう、……」としずかにいうのみで、他の石たちに毎日「アァハハハハ。どうも馬鹿で手がつけられない」と大わらいされていました。そのうち、小さな植物や虫たちもベゴ石を馬鹿にしはじめます。頭の上の苔が歌い踊った悪口にも、ベゴ石は「その歌は、僕はかまわないけれど、お前たちには、よくないことになるかもしれないよ」と別の歌を提案します。面白くないと云われても、「僕は、こんなこと、まずいからね」としずかに口をつぐみます。物語の最後にベゴ石は、大学の地質学教室の標本として、研究者たちに褒めたたえられ、持ってゆかれることになりました。「私共は、みんな、自分でできることをしなければなりません。さよなら。みなさん」とのお別れの言葉を残して、ベゴ石は静かに去ってゆきます。ベゴ石がどのような気持ちで、罵詈雑言の数々を聴いていたか、それはどこにも描かれていません。しかしベゴ石をからかい、悪口を言いふらし、あざ笑う他の石たちや、おみなえし、苔などの姿を思い浮かべるとき、ベゴ石の感じていたことは、憐れみ給え、許し給え、という祈りに近いものであったのではと想像されます。

宮沢賢治には他にも、いじめを巡るいくつもの作品があります。『よたかの星』では、よたかが鷹にいじめられながらも「かぶとむしや、たくさんの羽虫が、毎晩僕に殺される……」と自分の在り方を観ずる姿を描き、『二十六夜』では、梟の坊さんをして、人間の子どもに痛めつけられた梟の子どもを巡って、仕返しを叫ぶ大人の梟たちに、「そのいたみ悩みの心の中に、いよいよ深く……慈悲を刻みつけるのじゃ……まことにそれこそ菩提のたねじゃ」と説かせました。

実際に、いじめられる当事者に身を置かれれば、死を想うほどの苦しみを受けて、いわれのない悔しさと怒りに身も心も震えることでしょう。いじめる相手を許すということは、いじめざるを得ない相手の心の空洞、傷つきや哀しみ

に深く分け入って分かち合わない限り、果てしなく困難であるように思われます。しかしながら、大人が子どもたちのいじめに向かい合うとき、決していじめは許さない、いじめられている子どもを必ず守りぬく、という強い決意とともに、つながりを求める子どもたちの心の様々な表現に想いを巡らせ、一人ひとりの子どもの心の寂しみや虚しさ、哀しみや傷つきに深く共感を寄せ、根を下ろし、心の空洞を温めるような気持ちが必要なのではないでしょうか。ベゴ石のような心の深さと静けさを備えることが、いじめられる子どもの心はもちろんのこと、いじめる子どもの不安に満ちた魂の闇を救う一助になりはしないかと、願いを込めて思うものです。

(後藤　智子)

＊引 用 文 献
　松谷みよ子　1987　わたしのいもうと　偕成社
　梨木香歩　1996　西の魔女が死んだ　小学館
　河合隼雄　1967　ユング心理学入門　培風館
　坂田仰・河内祥子・黒川雅子　2012　新訂版　図解・表解教育法規　教育開発研究所
　浅川道雄　1998　「非行」と向き合う　新日本出版社
　森田洋司・清永賢二　1986　新訂版　いじめ　教室の病
　正高信男　1998　いじめを許す心理　岩波書店
　山脇由貴子　2006　教室の悪魔　ポプラ社
　中井久夫　1997　いじめの政治学―アリアドネからの糸　みすず書房
　渋井哲也　2008　学校裏サイト　普遊舎
　藤森和美　2013　いじめとトラウマ・PTSD　こころの科学170　いじめ再考
　小西洋之　2014　いじめ防止対策推進法の解説と具体策　WAVE出版
　ル＝グウィン　1976　ゲド戦記Ｉ　岩波書店
　河村茂雄・粕谷貴志・鹿島真弓・小野寺正巳　2008　Q-U式学級づくり　中学校　図書文化社
　宮沢賢治　1988　銀河鉄道の夜　新編　銀河鉄道の夜　新潮文庫
　宮沢賢治　1991　気のいい火山弾　よだかの星　二十六夜　ちくま日本文学全集　宮沢賢治　筑摩書房

教育相談の現場（3）
子どもの攻撃性と学級崩壊

> 本章では攻撃性の定義と分類、他者への攻撃性が集約された現象である「学級崩壊」、そして攻撃性や行動をコントロールするためのプログラムであるPBISについて検討します。
> 攻撃性は、表れる形やその表れ方などが多様なため、学校現場において対応が難しい問題の1つです。この章を通じて、この子どもの攻撃性について理解していきましょう。

 1. 子どもの攻撃性とその対応

　教育相談における1つの重要な役割として、子どもの攻撃性への対応が挙げられます。ここでの攻撃性とは、単純に他人を物理的・精神的に傷つけることだけではありません。自殺、リストカットや過食・拒食などの自傷行為、薬物乱用、性非行というような行動も自分への攻撃と考えることができます。もちろん、ものを壊すこと、窃盗などもある種の攻撃性の発現であると考えられます。

　学校では、どの程度攻撃性にかかわる問題が発生しているのでしょうか。文部科学省が実施した平成25年度の「児童生徒の問題行動等生徒指導上の諸問題に関する調査」によると、小・中・高等学校における暴力行為の発生件数は59345件であり、児童生徒1千人当たりの発生件数は4.3件であると報告されています。またそのうちの22.5％にあたる、10305件で被害者が病院で治療を受けています。暴力行為が学校内で発生した学校数は9700校あり、全学校数に占める割合は26.3％となります。もちろん、年齢や地域によって発生

98

頻度は異なるため一概には言えませんが、児童生徒が 250 人在籍する学校では、年間に 1 件はこうした攻撃性にかかわる問題が発生し、4 回に 1 回は病院での治療が必要となる問題となることを、この結果は示しています。またここには先に挙げた、自傷行為などの自分に向けた攻撃性の問題は含まれていません。これを加えれば、さらに発生頻度は高くなることが予想されます。教育相談の分野において、子どもの攻撃性の問題は避けることのできない問題なのです。

　子どもの攻撃性は、大まかに 2 つに分けることができます。コナー (Connor, 2002) によると、攻撃性は「適応的な攻撃性」と「不適応的な攻撃性」の 2 つに分類することができます。ここでの「適応的な攻撃性」という意味は，生きていくためにやむをえない、という意味です。例えば，虐待を受けている子どもが，満足に食事をとることができていないとします。そこで、その子どもが食事をするためにコンビニで万引きをしてしまい、見つかって逃げる際に暴力を店員にふるってしまったとしましょう。この場合の攻撃性は、生きるためにやむをえず生じたものであり、虐待されているという環境が変われば改善する可能性が高いと推測されます。こうした攻撃性は、「適応的な攻撃性」と分類されるわけです。

　「不適応的な攻撃性」は、本人の意志とは関係なく発現してしまう攻撃性のことを指します。主に、精神疾患や発達障害などが原因である攻撃性がこれに当てはまります。例えば自閉症スペクトラム障害 (ASD) をもつ人は、感覚が非常に過敏であるために、後ろから突然声をかけられたり、予期しない時に体に触れられた時などに、反射的にそれを振り払おうとしたり遠ざけようとしたりすることがあります。また落ち着こうとするために、自分の体を傷つけたりする自傷行為を行う場合もあります。これは、障害の特性が原因となっていることなので、本人がコントロールすることは容易ではありません。このように、本人の意志とは無関係な形で外に表された攻撃性を「不適応的な攻撃性」と分類することができます。

　コナーは攻撃性への対応と支援は、その分類によってアプローチが異なると

しています。「適応的な攻撃性」については、その原因を引き起こしている状況を解決しなくてはなりません。例えば友人関係によるいじめから身を守るための攻撃性ならば、友人関係に介入しなくてはならないでしょう。家庭の問題ならば、臨床心理や社会福祉の専門家と協働して、その家族を支える必要があります。「適応的な攻撃性」の場合には、本人へのアプローチだけではなく周囲の環境の改善がとても重要になってきます。「不適応的な攻撃性」に関しては、環境の調整に加えて医療や治療教育（療育）を実施する必要が生じてきます。このように、その攻撃性の種類により対応は変わってくるため、まず原因を考えることが重要なのです。

　攻撃性を発現した子どもは、時として理解しがたいものです。だからといって、なぜ攻撃性が発現しているかについて深く考えず対応することは良い結果を生み出しません。例えば、校内で他の生徒に対してたびたび暴力をふるう生徒がいたとします。この生徒への指導がうまくいかない場合には、「乱暴な生徒だ。こちらの指導や支援が全く効果ない」と決めつけてしまいがちです。しかし、それでは問題は解決しません。その攻撃性の背景に何があるかを検討して、攻撃性の原因に合った指導、支援を考えることが必要なのです。

2. 学校における攻撃性への対応——「学級崩壊」を例に挙げて

(1)「学級崩壊」とは

　学校において攻撃性の問題への対応が求められる場面は数多くあります。いじめ問題のように、そのいくつかは他の章で解説されておりますので、ここでは「学級崩壊」現象を例に挙げて説明していきたいと思います。

　「学級崩壊」という用語は、正確に定義された学術用語ではありません。1990年代の後半頃から、徐々に使用されるようになった慣用的な表現です。「学級崩壊」という現象は、主に児童や生徒が教員の指示やコントロールを受け入れなくなり、学級の秩序がなくなることを示す言葉です。1999年には、こうした状況の実体を解明するために、文部科学省の前身である文部省の研究

委嘱を受けて「学級経営研究会」が全国各地で関係者から聞き取り調査を実施しました。その結果から小松（2000）は、「学級がうまく機能しない状況」を「子どもたちが教室内で勝手な行動をして教師の指導に従わず、授業が成立しないなど、集団教育という学校の機能が成立しない学級の状況が一定期間継続し、学級担任による通常の手法では問題解決ができない状態に立ち至っている場合」と定義しました。この調査では、学級が完全に壊れてしまったかのような印象を与える「学級崩壊」という用語はあえて使用せず、「学級がうまく機能しない状況」という呼び方を使用しています。

先に挙げた小松（2000）は、学級を運営していく際には様々な葛藤や摩擦があることは当然のことであり、その経験を通じて学級に秩序ができあがっていくものであると述べています。つまり、学級集団を運営していくことは学級の成員である児童・生徒がどのようにして自らの攻撃性をコントロールして、自分たちのコミュニティである学級を充実したものにしていくかということなのです。また、学級とはそうした攻撃性をコントロールしていくための訓練の場としての役割も担っているのです。そう考えると、「学級崩壊」というのは、児童・生徒の攻撃性への対応がうまく機能せず、集団が成り立たなくなった状態であるとも言うことができるかもしれません。

(2)「学級崩壊」の原因とその変遷

先に示したように、「学級崩壊」現象が注目されたのは2000年頃です。しかし、こうした用語ができる以前から、学級集団のコントロールが難しいという問題は議論されてきました。そうした意味では、「学級崩壊」現象は、古くて新しい現象なのです。ここでは、いくつかの新聞記事を例に挙げて、この問題の変遷を確認してみましょう。

戦前の1934年3月13日の読売新聞朝刊の中の、「児童教育相談」のコーナーには以下のような記事が掲載されています。旧仮名遣いですが、その相談内容を以下に掲載します。

児童教育相談
今正に危機にある、師弟の情愛　愛せば付け上がりさもなくば離反

【問】
　私は田舎の一中学教師ですが、いま師弟の情愛について深い悩みをもつてゐるものです。自由主義にかぶれた生徒は教師を同輩の如く見、しかも近代の階級争闘の餘波をうけて事毎に教師と争はうとします。殊に卒業期を控へた五年生の如きになりますと、亂暴を事とし、學校の器具を破壊し師父に弓をひくのをなんとも思つてゐません。
　これに對する教師の態度を家庭的にすれば忽ちつけあがりますし、警察的にすればすぐに離反します。私はこれこそ教育六十年の餘弊と云ふべきものと思ふのですが、いかにして生徒を愛すべきかを思ふ教師には、迫つた大きい悩みであります。私達教育者はこれに対してどんな態度で臨むべきでせうか。

　難しい言葉もありますが、要約すると次のような内容です。
　「生徒への愛情の注ぎ方に悩んでいる。生徒は先生に友達のように接してきたり、反抗したりする。上級生になってくると、乱暴したりものを壊したり保護者にたてついたりしている。これに対して、教師が優しくすればつけあがるし、厳しくすると教師の下を離れてしまう。これは教育制度の疲弊の１つの現れだと思うのだが、教師はどういった態度で接するべきだろうか」
　内容だけみると、現代の教員の悩みと言われてもおかしくないようなものです。このコラムには回答も掲載されており、要約すると以下のような内容となっています。

・こうした問題は今日の学校の共通の悩みだろう。
・入学試験等のストレスで抑圧されていること、家庭の子育てが放任傾向にあること、社会に自由の空気が強く流れていること、などがその原因として考

えられる。
・集団生活について真に学ぶ経験がなく、形式的に学んでしまっているため、教師の権威といったものも形骸化しているのだろう。
・高圧的に生徒を押さえ込むことも、甘やかしてしまうこともこの場合には良くないだろう。
・まずなぜ集団生活にルールが必要なのかをきちんと説明し、生徒の理解を得た上で毅然とした態度で・ルールを守らせることが大切ではないか。

　回答の方も、何か現代でも耳にしたことのあるような内容です。このコラムは、教育相談における子どもの攻撃性への対応が、いかに古くて新しい問題であるかを示していると言えるでしょう。
　1983年5月16日付の読売新聞朝刊では、「教師　第一部　信頼の絆とは」という連載で「学級崩壊」現象が特集されています。ある若い女性教師が、高学年を初めて担任した際に、「学級崩壊」現象を経験したという報告が記事の内容です。クラスの中でいじめが発生し、それをきっかけとして学級の秩序が保たれなくなっていきます。担任教諭は、クラスで中心となって反抗する「ボス格」の子どもと学校外で会った際に、その子どもが家庭で寂しい思いをしており本当は教師である自分に甘えたがっているのではないか、と気がつきます。その後、クラスの他の父母から学級の状況について苦情が寄せられ、この担任教諭は担任を降りることとなるのです。
　この記事の特徴は「学級崩壊」の原因について、教師の毅然とした態度の欠如を挙げている点にあります。また、記事の最後では「『学級崩壊』は、女性教師が六割を占める小学校の、中でも若い女教師のクラスに起こりやすい」と主張しています。もちろん、現在は「学級崩壊」現象が若い女性教員に起こりやすいとは、考えられてはいません。この当時は、「学級崩壊現象」は教員の管理の問題と考えられていたのです。
　しかしこうした見解は、時代とともに変化していきます。1995年2月12日付の毎日新聞地方版／静岡の記事では、「学級崩壊」の原因として、厳しい

指導やしつけにより子どもと心が通わなくなっていること、管理教育を徹底する画一的な指導を学校が教員に強要していることが挙げられています。1998年4月30日付けの毎日新聞大阪朝刊の記事では、「学級崩壊」の裏に暴力が潜んでいることが指摘されています。このように、この時期には「学級崩壊」は子どもの攻撃性と結びつけて理解されるようになってきます。ここでは、原因として管理教育や画一的な指導が挙げられていますので、「適応的な攻撃性」が「学級崩壊」の原因であると考えられたのです。

2009年2月3日付けの毎日新聞東京朝刊の記事では、発達障害の子どもの影響で「学級崩壊」が引き起こされたという記事が掲載されています。また、2009年7月4日付の毎日新聞東京朝刊の記事では、特別支援教育を推進し発達障害のある子どもを支援することにより、「学級崩壊」状態から脱した事例が掲載されています。このように、2009年頃には発達障害が注目されるようになります。これは、「不適応的な攻撃性」によって引き起こされる「学級崩壊」と定義することができるでしょう。

(3)「学級崩壊」への対応

それでは現時点では「学級崩壊」への対応はどのような事が考えられているでしょうか。先に挙げた小松(2000)では、聞き取り調査をした102学級の事例を10のケースに分類し、それぞれ対応方法を挙げています。

この分類から、「学級崩壊」の引き金となる要因は多種多様であることが理解できます。実際には、これらの要因が複数関連している、あるいはここに挙げられていない要因が関連している場合もあるでしょう。発達障害、虐待やいじめ問題などが原因となり、子どもが攻撃性を発現している場合にはそれぞれ個々の問題の専門知識が必要となります（詳しくは本書の第7、9、10章を参照して下さい）。重要なのは、これらの要因を正確に見極めて対応策を考えること、そして責任を特定の個人（子どもや教員）に押しつけず、多くの関係者が問題を共有して対応することです。

また「学級崩壊」の対応において重要なこととして、個と集団のバランスを

表8-1　10のケースおよび類似ケースの考察から導き出された対応策（小松、2000より作成）

ケース	事例のタイプ（確認された事例数）	対応策
1	就学前教育との連携・協力が不足している事例（11学級）	子どもの実態に即した学級づくりを進めること、就学前教育との連携・協力を進め、必要な情報を交換すること。
2	特別な教育的配慮や支援を必要とする子どもがいる事例（26学級）	教育的配慮が必要かどうかの的確な判断をすること、息の長い取り組みのための体制づくりをすること、一人一人の子どもの「違い」を生かす学級づくりをすること。
3	必要な養育を家庭で受けていない子どもがいる事例（21学級）	子どもの教育環境を的確に把握し、関係機関との間に連携・協力関係を築いたり、子どもとの間の信頼関係を築くこと。
4	授業の内容と方法に不満を持つ子どもがいる事例（65学級）	授業方法の柔軟な選択を行うこと、そのため校内研修等の充実やTT（チームティーチング）、体験的な活動など多様な工夫を行うこと、授業時間以外の言葉かけの工夫も大切であること。
5	いじめなどの問題行動への適切な対応が遅れた事例（38学級）	いじめに対しては子どもの心理の理解に努め早期の適切な対応をするなど、根本的な問題を探り当て、組織的に対応すること。
6	校長のリーダーシップや校内の連携・協力が確立していない事例（30学級）	教員の異動直後は校務分掌などで経営的配慮をし、問題状況に対しては、校長はリーダーシップを発揮して、職員の間に相談しやすい雰囲気づくりを進めること。
7	教師の学級経営が柔軟性を欠いている事例（74学級）	学級間の情報交換などによって、問題状況に関する共通理解を図ること、学級担任の指導力を高めるための適正な校内人事に配慮すること。
8	学校と家庭などとの対話が不十分で信頼関係が築けず対応が遅れた事例（24学級）	学校の説明責任を果たすこと、保護者との対話や情報交換を工夫するなど、一体となって問題解決に取り組むこと、地域や教育委員会等との連携を推進すること。
9	校内での研究や実践の成果が学校全体で生かされなかった事例（16学級）	校内の組織体制の充実を図ること、TT（チームティーチング）など教授・学習組織の工夫を行い、それを校内で学び合うこと。
10	家庭のしつけや学校の対応に問題があった事例（14学級）	

とりながら介入することを求められる点が挙げられます。「学級崩壊」の引き金となるのは、数名の児童・生徒の問題行動です。しかし、それに周囲の児童・生徒が同調することにより、結果として学級集団が成り立たなくなる「学級崩

壊」の現象が生じるのです。表 8-1 で挙げられている要因は、「学級崩壊」の引き金となる要因です。実際にこうした問題に対応する場合には、引き金となる行動を指名している児童・生徒だけではなく、同調している周囲の子どもや、じっと様子をうかがっている一見すると目立たないような子どもまで、学級全員に対して何らかのアプローチをすることが求められます。

では、個にも集団にも働きかけるような介入はどのようなものがあるのでしょうか。その具体例として次節で、アメリカで非常に多くの学校に取り入れられている行動のコントロールのためのプログラムである PBIS (Positive Behavioral Interventions & Supports、ポジティブな行動介入・支援) を紹介したいと思います。

 ### 3. 攻撃性の問題を予防し好ましい行動を増やす——PBISによる実践

川俣 (2009) は、学校における攻撃性の問題への対応では、特に予防が重要であると述べています。ひとたび問題が生じてしまうと、元通りに修復することは大変です。場合によっては出席停止や、中途退学につながってしまう可能性もあります。学校生活の中で好ましい行動を増やし、結果として「学級崩壊」のような攻撃性の問題が生じるのを防止する、特定の個人だけではなく集団全体に働きかけることができる、こうした特徴を兼ね備えているプログラムが、PBIS なのです。

バーンズ亀山 (2013) によると、PBIS はアメリカで注目を集め多くの学校区で取り入れられており、暴力の防止やソーシャルスキルの向上において高い効果があることが確認されています。ここではバーンズ亀山 (2013) と PBIS のウェブサイトの説明を参考にして、PBIS について学んでみましょう。

(1) スクリーニングの実施

PBIS を実施する際には、まず子ども全員に対して行動面でリスクを抱えていないかどうかスクリーニングを実施します。スクリーニングの結果に応じて、

ストレスマネジメントの講習やソーシャルスキルトレーニングなどを実施し、リスクに対して予防教育を実施します。

(2) 好ましい行動を増やす働きかけ

PBIS では、児童・生徒の好ましい行動に対して教職員は賞賛チケットを発行します。図 8-1 はアメリカで実際に使用されている賞賛チケットの例です。誰が誰から、いつどんな項目について賞賛されたのかが記入できるようになっています。そのチケットは個人や学級単位で集計され、教員と子どもで決めた目標に達したら集団でご褒美となる活動（好きな遊びをするなど）をすることができるようになっています。また、個人でもチケットを多く集めた子どもは表彰されます。

教職員は全員が PBIS に関する研修を受けています。そして、このチケットをいつも首からさげており、いつでもどこでも発行できるようにしています。また、逆に好ましくない行動をした際には違反チケットが発行され、こちらも集計されます。

好ましい行動は、事前に子どもたちと教員で話し合いその項目を決めています。項目は教室内での行動、廊下での行動、休み時間の行動、給食の時の行動

図 8-1　賞賛チケットの例

この学校の賞賛チケットは、動物の足形のデザインとなっている。BE RESPECTFUL（尊重しましょう）、BE RESPONSIBLE（責任を持ちましょう）、BE SAFE（安全に過ごしましょう）の 3 つは守るべき校内の目標である。WILDCAT（山猫）はこの学校のシンボルで、That's the WILDCAT WAY！は「それでこそこの学校の児童だ！」という賞賛である。TO のところに受け取った児童名を、FROM に教員名を記入する。

教員は首からこれを下げ、児童が校内の目標を達成しているときは、達成している目標に丸をつけて、児童と教員の名前を書き込んで渡すことになっている。

このデザイン、及び目標は PBIS を実施している各学校によって異なる。

など、シチュエーションごとに細かく設定されています。決められた内容は、図8-2のようにあちこちに張り出されて全員で共有する形になっています。子どもたちは、この明確に示された行動の方針に沿って生活することが求められるのです。

(3) 行動を集計しデータ化する

集計されたチケットは、同時に子どもたちの様子を示す貴重なデータとして活用されます。賞賛チケットも違反チケットも誰が、いつ、どこで、どのようなことでもらったものかという細かい点まで集計され、定期的にその数が教職員に示されます。その集計結果を見ることにより、学校内での子どもたちの行動の様子を把握することが可能となるのです。また、定期的に集計されているその変化も追跡することができ、生徒指導などの状況とも照らし合わせて検討されます。

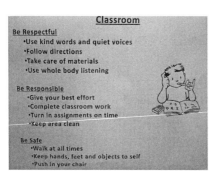

図8-2　好ましい行動を促す掲示の例

(4) データを活かして支援する

 集めたデータに基づいて、どこにどのような支援や環境調整を実施したらよいかが決められていきます。また、前回の集計からのチケットの数の変化を見ることにより、支援や介入が効果的であるかどうかの判断もすることができます。

 学級ごとや個人ごとにデータが集計されるため、例えば「学級崩壊」の引き金になるような兆候がデータから示される、あるいは学級全体で賞賛チケットの数が減少する、あるいは違反チケットの数が増加することがあれば、問題が大きくなる前に介入し「学級崩壊」を予防することも可能なのです。

 このように、個人の状況を確認しつつ集団全体を作っていくことのできるPBISは「学級崩壊」や学校における攻撃性の問題への介入方法として、非常に有効であると言えます。アメリカではPBISを導入することにより、高い成果を上げています。これを日本に導入するためには、そのままの形というわけにはいかないかもしれませんが、1つの介入方法として参考になる点が多いのではないでしょうか。

（川俣　智路）

*引用文献

バーンズ亀山静子　2013　アメリカの学校の現状から　多重支援モデル　臨床心理学 13 (5)　金剛出版

Connor, D. F. 2002 *Aggression and Antisocial Behavior in Children and Adolescents: Research and Treatment.* The Guilford Publications（小野善郎（訳）　2008　子どもと青年の攻撃性と反社会的行動―その発達理論と臨床介入のすべて　明石書店）

川俣智路　2009　学校の対応　齊藤万比古（総編集）　本間博彰・小野善郎（責任編集）　子どもの攻撃性と破壊的行動障害　中山書店

小松郁夫　2000　学級経営をめぐる問題の現状とその対応―関係者間の信頼と連携による魅力ある学校づくり　国立教育研究所広報第124号　国立教育研究所

PBISのウェブサイト　http://www.pbis.org/（2014年1月14日閲覧）

Chapter

教育相談の現場（4）
児童虐待の理解

　児童虐待というと福祉領域で対応するものというイメージが強いようですが、教育機関は、虐待の発見と未然防止に大きな役割を担っています。それは教育機関が日々子どもにかかわり、家庭との連絡を行う必要性があり、家庭に最も近い公的機関の一つであるためでしょう。一方で、マスコミ等の影響によって、児童虐待の凄惨さ、残虐さが前面に出てしまい、渦中の子どもや養育者にどのようなことが起こっているのか、周囲がどのような対応をするのかについては、あまり知られていないようです。本章では、児童虐待に関する基礎的知識やその現状と背景、実際の対応について紹介を行い、どのように支援すべきなのかを考えていきます。

 1. 虐待の実態と背景

(1) 虐 待 と は

　児童虐待とは、親または親に代わる保護者により、非偶発的に（単なる事故ではない、故意を含む）子どもに加えられた次の4つの行為を指すと定義されています（児童虐待の防止等に関する法律第二条；以下児童虐待防止法と略す）。

① 身体的虐待：子どもの身体に外傷が生じる、又は生じるおそれのある暴行、あるいは生命に危険のある暴行を加えること。

② 性的虐待：子どもにわいせつな行為をすること又は児童をしてわいせつな行為をさせること。

③ ネグレクト：子どもの心身の正常な発達を妨げるような著しい減食又は長時間の放置その他の保護者としての監護を著しく怠ること。身体的／情緒的／医療／教育ネグレクトの四種類がある。

④心理的虐待：先の①②③以外で極端な心理的外傷を与えたと思われる行為。家庭内暴力や同胞への虐待を目撃することを含む。

　ネグレクト、心理的虐待は、①②③あるいは④が行われているにもかかわらず、放置することも含みます。それぞれの虐待が独立してみられる場合と、複合的に行われる場合があります。身体的虐待はあざやケガなどで比較的周囲が気づきやすいのですが、他の三種類の虐待は家庭内という閉ざされた環境の中で行われるため、発見されにくいことが知られています。また特殊な虐待として、親が子どもの病気や症状をねつ造して、子どもを医療機関に連れて行き、親が周囲の注目や関心を集めることで満足するという"代理によるミュンヒハウゼン症候群"があります（日本弁護士連合会子どもの権利委員会、2012）。

(2) 虐待相談の実態

　虐待相談の件数は、2000（平成12）年の「児童虐待の防止等に関する法律」施行前後で様相が異なっています。2010（平成22）年度に全国の児童相談所で対応された虐待相談は、養護相談総数の56.4%（101,323件中57,154件）にも上り、13年前の1997（平成9）年の16.0%（33,479件中5,352件）と比較すると、加速度的に増加していることがわかります（図9-1）。このような増加傾向は、2004（平成16）年の改正児童虐待防止法による"虐待の疑いについても通告する"という対象の拡大、虐待ケースの単純な増加、報道などによる虐待に関する市民の理解の深まりが、背景として考えられます。

　また対応についても、大きな変化が見られます。2010年虐待相談件数(57,154件)の中で、養護が必要(児童福祉施設入所と里親委託)とされた子どもは7.7%(4,427件)、面接指導のみであった子どもは84.3%（48,172件）でした。1997年の数値はそれぞれ29.2%、60.7%で、対応としては、一時的に親子分離を図る割合は減少し、自宅で支援を受けるケースがほとんどであることがわかります。これは親子分離が必要となるほど重篤なケースが減ったのではなく、児童福祉施設が定員いっぱい入所しているため、受け皿がなく、致し方なく在宅で支援を続けているケースが多いことを反映していると考えられます。

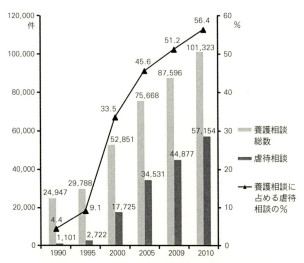

図9-1　児童相談所において対応された養護相談に占める虐待相談の割合
(注. 厚生労働省ホームページから数値を引用，割合は筆者が算出した
2010年の数値は，福島県を除いたものである)

　虐待を受けた子どもの年齢は、2010年の統計値では、0歳〜学齢前が43.8%、小学生が36.5%、中学生が13.3%、高校生その他が6.5%となっています。虐待者は、実母が60.4%と最も多く、実父が25.1%、継父、継母が6.4%、1.1%と続いています。これらのことから、子どもにとって家庭生活の比重が大きい学齢前までの時期に、主に養育を担っている実母からの虐待が起こりやすいことがわかります。一方で、小学生の割合も年々増加しているため、虐待の発見と対応において、学校や学童保育などの地域の機関の役割が重要視されています。

　相談の経路としては、同じく2010年の統計値で、近隣・知人が21.6%と最も多く、次いで警察16.2%、家族13.1%（虐待親自身からの相談を含む）、福祉事務所12.2%、学校等10.1%と続いています。学校の割合は年によってそれほど変化はなく、発見において学校が一定の役割を担っていることが指摘されています（玉井、2007）。一方、児童本人からというのは1.2%と非常に少ない

数値になっています。これは、虐待を受けている児童本人は不適切なかかわりを受けているにもかかわらず、自責の念、罪や恥の意識から他の人に打ち明けることができない状態にあることを反映するものと考えられています。

2. 虐待を受けた子どものサイン——心と行動の問題

　虐待を受けた子どもが呈する問題は、非常に広範囲にわたる、重篤で激しいものです。欧米の研究では、7～13歳の被虐待体験をもつ子どもや援助を適切に受けられなかった被虐待体験をもつ成人において、分離不安障害、反抗挑戦性障害、境界性人格障害、統合失調症、注意欠陥／多動性障害、行為障害など、外傷後ストレス障害（PTSD）を超える多様な精神科診断に当てはまることが報告されています。その他にも精神疾患に準じる情緒的問題として、極端な怒り、罪悪感、恥、うつ、攻撃性、乏しい自尊感情、愛着障害に準じる愛着の問題が挙げられ、行動的問題としては、怠学、薬物使用、売春、非行、十代での妊娠、自殺が挙げられています。これらは、必ずしも虐待を受けたから生じる症状や行動であるとは言いきれないのですが、特に症状や行動が複合して生じている場合は、虐待を視野に入れて考えることが望ましく、「虐待という軸で見る」ことが発見につながるとされます（岡本、森、二井、2009）。援助者は、周囲にとって意外なところにも"虐待はある"という意識をもち、子どもの心の背景をとらえる心理的アセスメントの素養に磨きをかけることに努め、正しい知識と対応を取る能力が求められます。早期発見のため、各都道府県から図9-2（大阪府教育委員会、2011）のようなチェックリストを掲載した児童虐待防止の手引が出版されています。

（1）虐待による心理的影響

　非常に多岐にわたる問題の中でも、虐待の影響全般に見られる共通の特徴として、以下の6点が挙げられています。
①愛着の問題：不安定な対人関係の取り方全般の問題、愛着障害（大人との関係

| 取扱注意 | 児童虐待チェックシート |

| 子どもの氏名 | | 学年組 | 年 組 | 記録者氏名 | | 記録年月日 | 年 月 日 |

A　子どもの身体的特徴
- □ 顔色が悪い状態や元気がない状態が継続している
- □ 病気の疑いはないのに体調不良をよく訴える
- □ 不自然な傷や火傷等の外傷、治療を受けていない傷などがある
- □ 体重増加が不良、低栄養状態やアンバランスな発達などがみられる
- □ 身体や服装に汚れなどがある
- □ 季節にあった服装をしていない

B　子どもの行動的特徴
- □ 落ち着きがない
- □ 無表情になることが多い
- □ 過度な警戒心を持つ
- □ 忘れ物が多い
- □ 給食での過食、おかわりを繰り返す
- □ 絵画や作文で虐待を暗示させる表現がある
- □ 他の子どもとの会話の中に虐待につながる会話がある
- □ 弁当をもってこない（店で買った物が多い）
- □ 保健室に行くなど、よく教室から離れる（周囲から孤立）
- □ 他の子どもよりも教職員に接触を求めてくる（極端なあまえ行為）
- □ 教職員の顔色を過度にうかがったり、接触をさけようとする
- □ 乱暴・攻撃的な言葉遣いをする
- □ 虚言、万引き、家出などの問題行動を繰り返す
- □ 年齢にそぐわない性的な言動がみられる
- □ 他の子どもをいじめる、生物に対して残虐な行為をする
- □ 理由のはっきりしない欠席・遅刻・早退がある
- □ 帰宅するのをいやがる
- □ 保護者と目を合わさず、おどおどする（保護者をさける態度）

C　保護者、家庭の特徴等
- □ 学用品等を持たせない
- □ 欠席時の連絡が不自然（欠席理由がはっきりしない）
- □ 長期にわたり必要な治療などを受けさせない
- □ 家事が長期間放棄されている様子がある
- □ 表情が固く、教職員と目を合わさない
- □ 懇談など会う約束をしようとしても拒否することが多い
- □ 子どもへの否定的な態度や言葉が多い
- □ 不自然な言い訳や話に矛盾点が多い
- □ 家族関係に変化があった
- □ いつも外出して、子どもだけで留守番させる
- □ 近隣とのつきあいがなく孤立した様子である

その他、気になること

＊　記載されている以外の家庭環境や経緯等を含めて、総合的に判断すること

図9-2　児童虐待チェックシート（大阪府教育委員会、2011より）

を全く求めない／過度に求めるといった年齢不相応の状態）など。

②情動調節能力の拙さ：情動認識・表現の困難さ、自分の内的状態についての認識の困難さ、希望や要望を伝えることの困難さなど。

③解離症状：現実感のなさ、意識状態の変容（あたかも自分が自分から遊離して外

部の傍観者であるような体験など)、健忘(被虐待児にとって外傷的色合いのあることの想起困難)など。
④行動調節能力の歪み:衝動抑制の困難、攻撃性の強さ、時には虐待経験の再現につながる性的・暴力的行動など。
⑤自己概念の歪み:自尊感情の著しい低下、恥や罪悪感、連続一貫した自己イメージのなさなど。
⑥脳機能・認知機能の発達の歪み:ストレスに関するホルモン調節機能不全、フラッシュバックなどの記憶機能不全、注意欠陥/多動性の強さなど。

①〜⑥の虐待による影響は、PTSDの中心症状である侵入性症状(⑥の記憶機能不全、悪夢などによる外傷的出来事の再体験)・回避麻痺性症状(③の解離症状、外傷関連の思考・活動場所などを回避しようとする努力、孤立感・愛情等の感情や将来の見通しの限定)・過覚醒症状(④などの怒りの爆発、集中困難、過度の警戒心、睡眠の困難)を包含し、さらに、①②⑤といった対人関係における複雑な反応対人関係に複雑な反応が現れます。そのため臨床現場では、精神医学的な定義おけるPTSDと区別し、複雑性PTSD、慢性反復性トラウマ反応といった用語で扱われています。

(2) 虐待の種別による影響

虐待はその種類によって経験する対人関係のパターンが異なるため、子どもの表出する反応には共通点とともに相違点が存在します。種別の特徴としては、身体的虐待において攻撃的行動や破壊的行動、ネグレクトにおいて孤立や引きこもる傾向、性的虐待において年齢不相応の性化行動や性的逸脱行動が特に強く認められることが知られています。心理的虐待においては、攻撃性の強さ、器物破損などの少年犯罪、子どもの対人関係上の問題などとの関連が報告されています。ただ、複数の虐待が重複して起こることやケース自体が少なく統計的分析が難しいことから、一貫した知見は見出されておらず、明確な差異を見出すことは難しいのが現状です。

(3) 虐待の影響を左右する要因——リスク要因と保護要因

　虐待の影響のあり方には個人差が見られます。この個人差をもたらす要因として、虐待が始まった時の子どもの年齢、知能や発達状態、子どもの気質・性格、虐待の期間・内容・頻度、子どもにおける出来事の認識評価、子どもと虐待者との関係、家庭内での保護の程度、日常生活の混乱の程度、関係する専門家の対応が挙げられています（岡本ほか、2009；ピーターセン、2010）。また保護要因として、家族（非虐待親、きょうだい、拡大家族など）の中で子どもを保護する人がいる場合、あるいは子どもが虐待の事実を打ち明けた時、周囲の人が子どもの言うことを信じて味方になる場合は、予後が良いことが明らかになっています（岡本ほか、2009）。すなわち、虐待を発見することの多い教諭の対応が非常に重要になることが窺われます。

　中には、学業やそれ以外の活動で優れた様子で、表向きには負の影響を示さない子どももいます。表面化していなくとも、過剰適応していたり、水面下で自尊感情等に重篤な影響を受けていて、成人になってから甚大な影響を呈したりする場合があります（岡本ほか、2009）。そのため、周囲の大人には、"温かく話を聞いてくれる大人がいること、子どもが望めばいつでも聞いてもらえること"を子どもに信じてもらえるような関係づくり、雰囲気づくりをすることが望まれます。このような関係づくりは、虐待の未然防止においても重要になります。

 ## 3. 虐待への対応の様々な視点

　虐待が発見された、あるいは疑われた場合、児童虐待防止法により学校などの関係者は通告を義務づけられています。この通告の目的は、当然ながら、子どもと親を引き離すことや親に虐待加害者のレッテルを貼ることでは決してありません。養育者は、子にとってはかけがえのない実親であり、一時的に保護され家庭を離れたとしても、一生つながりを保持していく存在です。虐待への対応は、その先にある家族の再統合、関係の再構築を援助することも見据えて

行われるべきでしょう。さらに、虐待を受けた子どもが、次世代の子どもを産み育てることを念頭に置き、虐待のない安全で生きやすい生活を送ることのできる能力を伸ばすことを目指す視点が重要となります。

(1) 虐待を疑う──子どものサインを見逃さないために

　虐待が重篤である場合、外見から把捉できる可能性が高い一方で、程度の比較的軽い虐待の場合、対人関係の不調、抑うつや不安などの内へ向かう心理的症状（内在化問題）、自尊感情の極端な低下といった、外からは見つけにくい心理的特徴として現れます。そのため、少し変わった気質の子、個性の範囲で偏りのある子ととらえられ、本人の日常の対人関係や社会へ適応しようという努力によっても隠されてしまい、適切なケアが受けられないまま大人になることも多く見受けられます。援助者にとって、日頃から子どもの様子を観察し、「なんだか変だな」「いつもの様子と違う」と気づくことのできるアンテナを張っておくこと、心の余裕をもつことは、どんな子どもとかかわる際にも重要ですが、特に虐待の発見に関して、重視される態度、視点といえます。

　また、同じ年齢の子どもたちにおける、平均からの偏りをとらえる視点も重要です。例えば、"A子さんはいつも暗い様子だから、そのような性格なのだろう"ととらえてしまうことは危険です。突発的一時的な変化ということでなくとも、同じ発達段階にある子どもが一般的、平均的に呈する症状や行動から極端に偏っている場合は、"気質、性格、個性"ととらえるのではなく、A子さんの何らかのサインととらえてかかわっていくことが必要です。場合によっては、一つのツールとして、標準化された簡便な評価尺度を用いて、スクリーニングを行うことがその後の援助に有用なこともあるでしょう（例えば、子ども用トラウマ症状チェックリスト（西澤・山本、2009））。スクリーニングツールを用いる場合は、データの解釈や評価方法のみならず、実施の必要性も含めて、臨床心理学に通じている専門家のスーパーヴァイズを受けることが重要です。

【コラム 9-1：早期発見の視点と連携】

　ある年の夏、小学 2 年生の A 君は、体育の水泳の授業に一人遅れてくることが続いていました。A くんは、ふだんから行動がゆっくりで他の子から遅れることが多く、思い通りにならないと急に激しく怒り、暴れ出すこと、連絡なく休むこと、度々衣服が汚れていたり穴が開いていたりすることがあり、担任教諭にとって気になる子の一人でした。担任教諭は何度か、準備を早くするよう、水着への着替えを促したのですが、授業への遅刻は改善されません。注意深く、A くんの行動を観察してみると、A くんは、他児が着替えている間、姿が見えなくなっており、他児が着替え終わった頃に教室に戻って一人で着替え始めているため、遅くなっていることがわかりました。
　担任教諭は、養護教諭に協力を仰ぎ、A くんが保健室で着替えられるようにし、その際の A くんの様子を見ていてもらうことにしました。その結果、A くんの身体の服で隠れる部分に青あざや古いあざがいくつも見られることがわかりました。
　担任教諭と養護教諭は校長に事情を話し、その三者に加え、副校長（教頭）、生徒指導主事、学年主任等を招集し、緊急ケース会議が開かれました。子どもからの聞き取り内容や家庭状況などの情報を総合して、身体的虐待とネグレクトの疑いがあると認識され、児童相談所への通告を行うこととなりました。児童相談所ケースワーカーとの協議の結果、小学校入学前からフォローされていたケースであり、最近養育者の経済的情緒的状態が悪化していることが原因として考えられることが共有され、今回は、児童相談所は家庭へ介入せず、小学校が家庭へかかわり見守る方針が決定されました。
　その日のうちに、担任教諭、養護教諭が家庭訪問を行い、A くんの様子について心配なことを伝え、養育者の現状について確認すると同時に、養育者の情緒的安定につながるよう、サポーティブにかかわり、状況を改善するために取れる方策について話し合いました。その後、学校は養育者との連絡を継続的に行い、母親と A くんは教育相談センターで継続的に心理療法を受けることになり、安定した学校生活を送っています。

（出野　美那子）

（2）虐待への対応の概要

　厚生労働省（2005）の「市町村児童家庭相談援助指針」によると、児童虐待はその程度によって 4 つに大別され、かかわる機関と対応の内容が異なります（図 9-3）。学校には、これら 4 つすべての層の子どもが通っていることにな

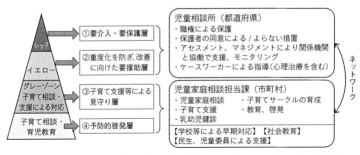

図 9-3　市町村と児童相談所の役割分担と連携（岡本他、2009 を元に筆者が作成）

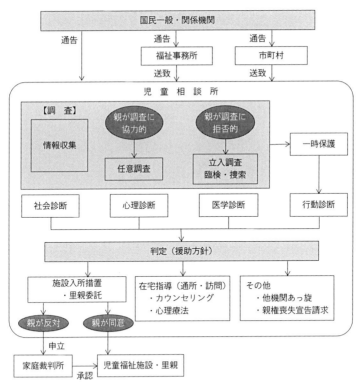

図 9-4　児童虐待対応の概要（才村、2008 を元に筆者が作成）

≫ 3. 虐待への対応の様々な視点

ります。そのため、子どもの虐待状況や時期によって、学校が果たす役割は様相が異なり、連携機関も多様になります（岡本他、2009）。

　次に虐待が発見された／疑われた場合の対応の流れを見ていきましょう（図9-4）。まず通告を受けた市町村や児童相談所は、子どもの安全を確認、確保し、子どもや家庭に関する調査を行います。それに基づいて、虐待のリスクに関する評価、今後の対応や援助の方針を決めていきます。その際、関係機関の連携をよりスムーズにするために設けられた機関、「要保護児童対策地域協議会」を利用することで、効果的な対応が可能とされています。これは、関係機関から構成される法定協議会で、頑な過ぎる守秘義務の遵守によってかえって家庭援助を悪化させないように、必要な情報交換、対応の方針を協議していくための機関です。このような機関を有効に活用しつつ、児童福祉機関をはじめとして、医療保健機関、司法領域の機関、他の教育機関と、有効な連携を取ることが求められます。

(3) 対応のポイント

虐待対応の基本的原則は以下の5つにまとめられています（岡本ほか、2009）。
①子どもの安全を最優先に考え、子どもの安全を確認し、安全の確保を図る
②迅速に対応する
③組織として判断し、複数で対応する
④地域の関係機関と連携して対応する
⑤子どもの問題行動や複雑な家族状況に潜む虐待を見逃さない

　まず①②の危機介入として、子どもの生命を守ることが最重要です。身体的外傷の有無や程度、危機の程度を考慮し、養育者との同居による子どもの安全や福祉への影響について、アセスメントすることが必要となります。③については、虐待対応はチームでかかわることが基本となります（第3節（4）参照）。担任教諭が一人で抱え込まず、組織としての対応が必要です。また福祉機関への情報提供は大きな鍵となります（④）。福祉機関の方へ正確で十分な情報が伝わらず適切な対応に結びつかなかった場合、養育者の態度がより頑なになり、

事態をより混迷させることもあります。ここでいう関係機関との連携は、虐待の発見時に限ったことではなく、継続的に適宜連携し、親に寄り添い、家庭を皆で見守る姿勢を指します。⑤は第3節（1）で述べた未然防止、早期発見の視点です。

　虐待には複雑であいまいな部分があるため、聴取する場合には高度に専門的な技術が求められます。虐待の確証を得ることは教員の職務ではありませんが（玉井、2007）、質問の仕方について、ボーグ他（2003）などの専門書を参照しておくと、実際の対応に有用です。対応の重要なポイントの一つとして、子どもの述べた秘密事項に関する対応、すなわち守秘義務の考え方が挙げられます。子どもが虐待の事実などを大人に打ち明けた場合、「誰にも言わないで」と念を押すことがあります。このような場合は、子どもが"誰にも言ってほしくないけど（打ち明けた）あなたにはわかってほしい"と思いきって話した気持ちを大切にしつつ、子どもの人権や安全を最優先するため、現状を変化させるために、かかわる他の大人に話さなければならないことを納得してもらえるよう、説得すべきです。「必ず助ける」というような言葉と同様、守れない約束をしないことは、子どもとの信頼関係を保ち続ける上で非常に重要となります。

(4) 校内連携と校種間連携

　学校外の関係機関との連携は、その必要性と重要性が広く知られています。ここでは、校内での連携と、校種間の連携について触れていきます。

①校内連携——チームアプローチ

　校内における虐待対応は図9-5のような流れになります。虐待という事象の性質上、担任教諭や養護教諭単独で対応することは困難であり、直接子どもにかかわる教諭を中心として、管理職のリーダーシップをもって、チームとして関係機関と連携することが大前提となります。虐待への対応についてここで強調する、校内の連携は、虐待はないが気になる子どもへの対応の延長線上にあるものと言えます。校内の役割分担や協力体制のあり方は、養育者との関係性に影響を及ぼし、校外の関係機関との連携のあり方をも左右するものです。

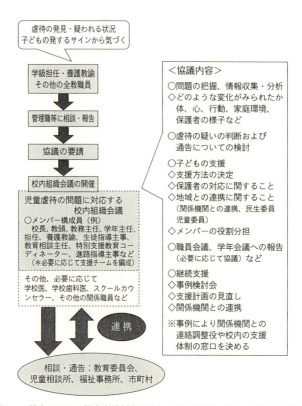

図9-5　校内における児童虐待対応の流れ（文部科学省、2007を元に筆者が作成）

②他の教育機関との連携——校種間連携

　比較的見過ごされやすい視点ですが、他の教育機関との連携すなわち"校種間連携（玉井、2007）"も重要です。子どもの卒業した／入学する教育機関、きょうだいにかかわる他の教育機関です。うち前者は、過去と未来に目を向け、子どもの発達を追って援助する視点であり、後者は現在に目を向け、きょうだいの発達と合わせて家族を援助する視点です。複数の機関で情報を集約することで、子どもを抱える家族の変遷を継時的、同時的にとらえることができ、虐待を防止、改善する効果的な家族・養育者とのかかわりが見出しやすくなると考

【コラム9-2：思春期の子どもとかかわる──他機関との連携】

　中学2年生のBさんは、幼少時父親、小学校高学年時母親を相次いで亡くし、引き取られた伯父の家で性的虐待を受けたため、児童養護施設Cで生活し始めました。同年代の女児とは打ち解けて話している様子が見えたのですが、大人に対しては緊張が強く、身体を強張らせて、口数は決して多くありませんでした。一方で、叱られるなどの嫌なことがあると無断外泊をしたり、喫煙を繰り返したり、学校で化粧や買い食いなどのルール違反が見られたりと、気になる行動が多く見られました。C施設の援助者は、Bさんが多くを語らないため、Bさんの問題行動やその背景にある感情、考え方について深めにくさを感じていました。同様に担任教諭も、指導方法（注意の仕方、要求水準の設定など）に迷いをもっていました。

　BさんはC施設に入所してほどなく、担当保育士と話し合い、定期的に施設のセラピストの行う心理療法を受け始めました。当初は表情も動きも硬く、やりとりはほとんどできませんでしたが、徐々に表情や態度も和らぎ、女の子らしい表現が現れるようになりました。Bさんは箱庭を用いて、友人関係への不安、施設入所によって学校で差別を受けること、以前の学校での良好だった友人関係が懐かしいこと、母親への思慕と死別に伴う悲嘆、不当な扱いを受けたことへの嫌悪感を表現し、少しずつ、セラピストと共有するようになっていきました。

　担任教諭と担当保育士／セラピストとの間で何度か話し合いをもち、Bさんの様々な出来事に対する心の動き方、行動の取り方、それに応じたよりよい対応について共通理解を図りました。Bさんの心の状態として、過去の経験によって複雑な感情を未消化のまま抱えている可能性、嫌なことがあると場から離れるという方法で対処する傾向、自分の嫌な気持ちを認識／言語化することが苦手な可能性が共有されました。今後の対応として、怒る／怒られる以外の大人とのかかわりを体験してもらうため、問題のない時期にBさんとの良好な関係を作ること、教諭に施設の生活の様子、行事などについて知ってもらいBさんの理解につなげてもらうことなどを確認し、適宜連絡を取り合うこととしました。その後徐々に、Bさんは担当保育士に思いを語るようになっていきました。

(出野　美那子)

えられます。校種間連携により、現在の家族の状態像を包括的にとらえられ、子どもの示すサインを取り逃がしにくくなり、機関によって得意な家族へのかかわりについて役割分担を検討することが可能になります。

4. 学校におけるケアと援助

(1) 子どもへのケア

　虐待を受けた子どものケアは個別の心理的援助がイメージされやすいのですが、対人関係のダイナミクスが動く学校という場だからこそ可能なケアも存在します。ちょっとした活動を工夫することで、子どもが自分自身の存在を集団の中で確かめたり、所属して安心できる感覚をもてたりすることにつなげられます。また発達を促す年齢相応の刺激を与えること、トラウマ反応のケア、対人スキルの拡張、問題行動への対応、感情調整を可能にすることなども非常に重要になります（ケアの詳細については玉井（2007）を参照）。

　またラット研究による多くの知見から、思春期前後の豊かな社会的学習経験（良好な他個体との関係、新奇な探索欲求をもたらす刺激）があると、乳幼児期の母子分離・養育不良の負の影響が緩衝されることが見出されています。当然ラットと人間の相違はありますが、保護要因について示唆に富む知見と言えます。特に幼稚園や保育所、小学校低学年から中学年において、友人との温かい情緒交流や親しい友人グループに所属している感覚、虐待者とは異なる温かい大人との関係というのは、その後の人生を豊かにする情緒的経験を育みます。このような意味でも、家庭とは異なる対人関係を提供できる場として、保育機関、教育機関は重要な役割を担っているのです。

(2) 養育者へのケア

　イメージされにくい側面ですが、虐待加害者となってしまった養育者自身、例外なくと言っても過言ではない程、心理的ケアを必要としています。養育者自身が幼少期からの心の傷つき、自尊感情の低さ、対人関係の困難さを抱えていることも多く見受けられます。そのように養育者個人の心理的基盤が脆弱な中、養育者にとって、自分の養育行動が虐待であると指摘されることは、非常に侵襲的な体験となることにつながりかねません。養育者は、学校を含め、かかわる機関すべてが敵で、養育者自身を非難・否定していると感じることもあ

ります。

　実際、養育者への心理的ケアについての体系的取り組みは非常に遅れているのが現状です。養育者へのケアが行われなければ、子どもへの適切な援助を行っても、家庭に戻れば発見前の状態が繰り返されてしまうでしょう。虐待の発見と同程度のエネルギーや社会的コストをもって、養育者への心理的ケアに取り組まなければ、本当の意味での虐待への適切な対応とはなりません。

　学校においては、養育者に対して、専門的な心理的ケアを受けられる援助をし、学校と日常的に良好な関係を細々とでも続けていくことが非常に重要になります。家族の再統合、地域社会とのつながりの再構築が大きな目標になるので、関係機関がその目標に向けて支援する中、学校には家庭とのつながりを保続することが求められると言えます。学校としてできる家庭への働きかけと、養育者が学校に求めるかかわりとのバランスを常に考え、養育者にとって侵襲的にならないように、しかし常に待つ姿勢だけに終わらないように、細心の注意と配慮が必要となります。

(3) 教員自身のケア——孤立しない、無理し過ぎないために

　虐待は非常に重篤な人間関係の歪みであるが故に、被虐待児を援助しようとする人間にも多大な影響を及ぼします。直接心的外傷を受けた者にかかわることによって、援助者が間接的（二次的）に心的外傷を受けてしまい、心理的に負の影響を受けてしまうというものです。子どもの状況を変えてやりたいと、一人で頑張り過ぎたり、のめり込み過ぎたりして、自分の心の状況が見えなくなってしまう場合に、負の影響が大きくなってしまいます。教員自身が自分自身の生活を大切に、心にゆとりをもてるように心がけ、一人で頑張りすぎず、他の教員や管理職と職務上だけでなく、自分の率直な気持ちを共有できるような関係を築くことが重要です。時には教員自身が、スーパーヴィジョンとして、あるいは個別の心理療法として、精神科医、臨床心理士などの専門家の援助を受けることも大変有用です。

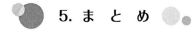
5. まとめ

　これまで見てきたように、親に沿いながら、子どもを守る、家庭を支えるということは、多くの機関や地域ネットワークのつながりが必要になります。虐待が疑われた場合、関係者は通告を義務づけられていますが、福祉機関に通告を行えば虐待は解決する、というような簡単な問題ではないことがおわかりいただけるでしょう。対人関係、社会との関係に困難を抱える養育者にとって、子どもが生活する社会との接点は非常に貴重なものであり、その意味で、学校が虐待対応に果たす役割は非常に大きいと考えられます。

　虐待未然防止活動として、学校での活動の一環としての教育も有効であることが知られています。性教育、人権教育、CAP（Child Assault Prevention）プログラムなどの授業を受けたことによって、子どもが、虐待の事実と、それに伴う性感染症や妊娠の不安等を担任教諭や養護教諭に話したことから性的虐待が発見され、対応を取ることができたというケースは少なくありません。

　教員が日々の膨大な業務をこなしながら、子に対し、親に対し、細やかに心の援助を行っていくのは並大抵のことではないでしょう。しかし、人間関係が希薄になった現代において、家族を支える地域社会の資源の一つとして、学校でのかかわりは非常に貴重な、最後の寄る辺ともなりうるものなのです。

（出野　美那子）

*引用文献

　ウェンディ・ボーグほか（著）藤川洋子・小澤真嗣（訳）　2003　子どもの面接ガイドブック―虐待を聞く技術　日本評論社

　厚生労働省　2005　市町村児童家庭相談援助指針．http://www.mhlw.go.jp/ bunya/kodomo/dv-soudanjo-sisin-honbun.html（2013年2月13日閲覧）

　日本弁護士連合会子どもの権利委員会　2012　子どもの虐待防止・法的実務マニュアル（第5版）　明石書店

　西澤哲・山本知加　2009　日本版TSCC（子ども用トラウマ症状チェックリスト）の手引き―その基礎と臨床　金剛出版

岡本正子・森実・二井仁美　2009　教員のための子ども虐待理解と対応―学校は日々のケアと予防の力を持っている　生活書院

大阪府教育委員会　2011　子どもたちの輝く未来のために―児童虐待防止のてびき　http://www.pref.osaka.jp/attach/6396/00000000/H22.3 gyakutaibousitebiki.pdf（2013年3月21日閲覧）

文部科学省　2007　養護教諭のための児童虐待対応の手引　http://www.mext.go.jp/a_menu/kenko/hoken/08011621.html（2013年2月13日閲覧）

アン・C・ピーターセン（編）多々良紀夫（監訳）　2010　子ども虐待・ネグレクトの研究―問題解決のための指針と提言　福村出版

才村純　2008　図表でわかる子ども虐待―保育・教育・養育の現場で活かすために　明石書店

玉井邦夫　2007　学校現場で役立つ子ども虐待対応の手引き　明石書店

Chapter 10

教育相談の現場（5）
発達障害の理解

> 　近年、特別支援教育が始まり、発達障害に注目が集まっています。発達障害は全般的な知的発達に遅れがあるわけではなく、多くの場合は通常学級に在籍して教育を受けています。一方で、当事者の苦労がなかなか周囲にわかりにくいため、本人の努力や我慢が足りないと誤解を受けたり、適切な支援を受けられずにいることがあります。教師や周囲の大人が発達障害についての理解を深めることで、こうした子どもたちの学校生活がスムーズになると思われます。
> 　本章では発達障害を取り上げながら、子どもたちがどのような困難を抱えているのか、そして周囲の人がどのようにかかわることができるのかを考えていきます。
> 　なお、本書では現在のところ医学的診断や法律で用いられている「障害」の表記を使用しますが、「害」の字を避けて「障がい」「障碍」と表記することも多くみられます。用語の上で配慮する動きがあることを付記しておきます。

 1. 発達障害とは

　2005年に施行された「発達障害者支援法」では、第2条で「この法律において『発達障害』とは、自閉症、アスペルガー症候群その他の広汎性発達障害、学習障害、注意欠陥多動性障害その他これに類する脳機能の障害であってその症状が通常低年齢において発現するものとして政令で定めるものをいう」とあります。また、2002年に実施された「通常の学級に在籍する特別な教育的支援を必要とする児童生徒に関する全国実態調査」では、「知的発達に遅れはないものの学習面や行動面で著しい困難を示す」と担任教師が回答した児童生徒

の割合は約6.3％でした（2012年にも同様の調査が行われ、6.5％という結果でした）。これが発達障害を抱える子どもの割合と推定されます。発達障害は「知的発達に遅れはない」という点で、知的発達の遅れをもつ「精神遅滞」とは異なる障害です。その概要を大まかに図で示すと、図10-1のようになります。縦軸の知的レベルとは、知能検査で測定される知能指数（IQ）の程度を意味しており、およそ70を下回ると知的な遅れが大きいと判断されます。

　昨今では、「診断リストでいくつ以上当てはまればこれこれの発達障害の可能性がある」といった一見わかりやすい情報が広まっていますが、実際にはそんなに簡単に子どもたちの障害を判定することはできません。発達障害とは、発達の程度にアンバランスがあることを意味します。年齢相応に他の子どもと同じようにできる部分と、神経学的な問題から、生活の中で大きな困難を抱えている部分があるということです。ある時期の特定の場面での行動だけで判断するのではなく、幼少期からのエピソードや複数の場面での行動、さらに生活の中での不適応の程度などを総合的に加味し、医学的な精査も経て診断に至ります。

　こうした発達のアンバランスをもちながら生活する苦労は、周りからはなかなか想像がつきません。多くの人が難なくこなせることがその子にはなぜ難しいのかが、周囲の人にはわかりにくいのです。また、本人にとっても、なぜ周りの人たちにはできて自分にはできないのかがわかりません。例えば、普通に文字を書くと左右が反転した「鏡文字」になってしまう子がいま

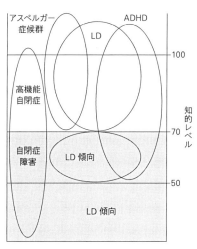

図10-1　発達障害の概略図（小野・上野・藤田、2010より）
※LDは学習障害、ADHDは注意欠陥多動性障害のことである。

>>> 1. 発達障害とは

す。また、他の子はじっと座っているのに、授業中ずっと体を動かし、やがては立ち歩いたり、床に寝そべってしまう子もいます。いずれも本人がわざとふざけているわけでも怠けているわけでもなく、自分でもどうしたら周りと同じようにできるのかがわからず困っているのではないでしょうか。

　発達障害について学ぶことは、こうした子どもたちに障害のラベリングをすることが目的ではありません。日々の学校生活で、自分でもどうしたらよいかわからず、そして周囲からも誤解されがちな子どもたちのつまずきに気づき、適切な理解と指導・支援につながる視点を身につけていきたいと思います。

 2. 特別支援教育

　2001年に文部科学省・協力者会議は「21世紀の特殊教育の在り方について～一人一人のニーズに応じた特別な支援の在り方について～」を公表しました。その中で、通常の学級に在籍する学習障害児、ADHD児、高機能自閉症児等に対しては従来の特殊教育で十分に対応できていないとし、そうした特別な教育的支援を必要とする児童生徒への積極的な対応に言及しています。2003年には「今後の特別支援教育の在り方について」が発表され、従来の「特殊教育」から「特別支援教育」への転換が示されました。特別支援教育とは、「従来の特殊教育の対象の障害だけでなく、LD、ADHD、高機能自閉症を含めて障害のある児童生徒の自立や社会参加に向けて、その一人一人の教育的ニーズを把握して、その持てる力を高め、生活や学習上の困難を改善又は克服するために、適切な教育や指導を通じて必要な支援を行うものである」とされています。そして、2007年度から正式に特別支援教育が始まりました。

　それ以前の「特殊教育」は、視覚障害、聴覚障害、知的障害、肢体不自由、病弱・身体虚弱、言語障害、情緒障害をもつ子どもを対象としてきました。特別支援教育では、これに発達障害（LD、ADHD、高機能自閉症等）のある子どもたちを加えたのです。この変化は、ただ対象を拡大したことだけにとどまりません。かつての特殊教育が障害の種別に応じて、盲・聾・養護学校など学ぶ場所

を変えて行われていたのに対して、発達障害をもつ子どもたちは知的能力に遅れがないため、基本的には通常学級に在籍していることが多いと考えられます。したがって、特別支援教育はすべての学校・学級の、すべての教師に求められることになります。各教育現場での教育や指導に大きな変化が求められることになったのです。

　まず、従来の盲・聾・養護学校は、2007年の「学校教育法」改正により「特別支援学校」へと名称を変えました。これは、障害種にとらわれない学校設置を制度上可能にすることと、地域の小・中学校等に対する教育上の支援（教員、保護者に対する相談支援など）を担う特別支援教育のセンター的役割をもたせるためです。次に、各学校では、障害のある子ども一人ひとりのニーズを把握して支援を行うための「個別の教育支援計画」「個別の指導計画」を作成することや、「特別支援教育コーディネーター」を教師の中から決め、保護者・関係機関と学校との連絡調整役となり、各学校での特別支援教育を推進することなどが行われています。

　発達障害をもつ子は、学校で「困った子」と見られやすいのですが、むしろ困難を抱えて「困っている子」であるといわれます。特別支援教育では、今まで十分な支援がなかった子どもたちに目が向けられるようになりました。従来の学校教育の考え方や方法にそうした子どもたちを合わせるだけでなく、子どもたちのつまずきや支援のニーズを理解して教育環境や方法を柔軟に変化させていくことが求められています。特別支援教育がよりよい形で定着していくにはまだ時間がかかるでしょうが、その過程には教育の本質や学校教育のあり方を見つめ直す萌芽が隠れています。

3. 発達障害の概観

　代表的な発達障害について、その概要を見ていきましょう。それぞれに理解や対応のための考え方をつけていますが、いずれもその障害だけのものではありません。他の障害とも共通する部分があるので、相互に参考にできる部分が

多くあります。

(1) 学習障害 (LD：Learning Disabilities)

文部科学省は、学習障害を次のように定義しています。

「学習障害とは、基本的には全般的な知的発達に遅れはないが、聞く、話す、読む、書く、計算する又は推論する能力のうち特定のものの習得と使用に著しい困難を示す様々な状態を示すものである。学習障害は、その原因として、中枢神経系に何らかの機能障害があると推定されるが、視覚障害、聴覚障害、知的障害、情緒障害などの障害や、環境的な要因が直接的な原因となるものではない。」

また、表10-1には、どういうつまずきのタイプがあるのかがわかりやすくまとめられています。

LDと一口に言っても、それぞれの子どもはこうした様々なつまずきの中で特定のものだけに困難を示します。知的な遅れはないのに、なぜかうまく読めない（まとまった言葉ではなく文字一つひとつを読み上げたり、隣りの行とまざってしまったり、書かれていない言葉を勝手に補ったり）、うまく書けない（鏡文字や判読不能な文字、漢字の棒や点が多い・少ないなど）、計算ができない、などの状態を示します。また、自分が周りと同じようにできないことを気にして、苦手な課題を避けたり、すぐあきらめたり、わからないのをごまかしたり、といった態度を身につけてしまうことがあります。さらに、「自分は頭が悪い」とか「何をやってもダメだ」と自信をなくして自己評価を下げてしまうこともあります。発達障害をもつ子の場合、障害そのものへの指導だけでなく、二次障害としての自信・自己評価の低下を防ぐことが大切です。

個々の子どものつまずきや困難は様々です。したがって、LDの子全員を対象とする一律の教育方法や教材があるわけではありません。それぞれの子の特性に配慮しながら、指導法を工夫することになります。しかし、周りの人にはその子がなぜできないのか、何がわからないのかがなかなかわかりません。基本的な、読む・書く・計算するなどの学習スキルは、意識しなくてもできるこ

表10-1　LDのつまずきのタイプ（小野ほか編、2010より）

タイプ		つまずきの内容とその例
口語言語のLD	聞く	・注意記憶…聞きもらしや記憶のまずさなど ・音韻認知…音や音のまとまりを聞き分けるなど ・意味理解…言われたことの意味を理解するなど ・語用的理解…比喩表現、冗談、皮肉などの理解など
	話す	・構音…発音しにくい音があるなど ・語彙…言葉の量（語彙量）と質（正しい使い方） ・統語…助詞などの文法や文章表現など ・語用…会話の力や文脈や聞き手に応じた表現など
書字言語のLD	読む	・読字…ひらがな、漢字などを読むこと。勝手読み、飛ばし読み、逐次読みなどとして現れる ・読解…文章の理解。説明文と物語文で読み取りの違いもみられる
	書く	・書字…ひらがなや漢字を正しく書くこと。字を書くのに時間がかかる、読みにくい字を書くなど。鏡文字、勝手字など見られる ・統語…文章を書くこと、助詞などの文法、句読点等のルールなど ・作文…内容の想起、読み手に応じた表現、文章構成、表記ルールなど
算数のLD	計算・推論	・数概念…数の順序、大きさ、関係、量イメージなど ・演算…四則演算、暗算、筆算など ・小数、分数…小数、分数の概念理解。計算 ・文章題…四則演算の意味の理解、四則演算の応用、言葉の理解など ・図形領域…形や空間をとらえる、描く。図形の認知 ・論理的思考…物事の関係性や共通性を見出す、因果関係の理解など

とが多いからです。例えば、「読み・書き・計算」の一般的な学習方法として「繰り返して何回も練習させる」という指導がありますが、LDをもつ子に対しては十分な効果は望めません。学び方（情報処理の仕方）自体が他の子と違う可能性があるのです。「なぜできないのか」への答えは、他の人は「なぜできているのか」を考えることがヒントになります。文字や文章の区切りごとに線を引いて読ませたり、書くために必要な指先の細かい運動をさせたりするなど、通常は教えなくても意識せずにやっているような作業を細かくスモールステップに分けて教える必要があるのです。

　より系統的な指導を行うためには、保護者とともに医療機関や教育相談機関、スクールカウンセラーなどと連携しながら、心理検査を活用してその子の能力

の得意・不得意の程度を見極めるとよいでしょう。それに基づいて、その年度や当面の目標・指導のポイントをまとめると「個別の指導計画」ができ上がります。それに基づいて学校内で他の教師とも共通理解がはかれるようになりますし、学校と家庭も一貫した方針でその子にかかわるようになり、色々な人がそれぞれの方針でかかわるよりも効果的な教育ができるようになります。さらに、年度がかわって担任や教科担当がかわっても的確な理解と有効な指導方法を引き継ぐことができます。

　学習につまずきがある場合、どこからが学習障害（LD）なのかを見極めるのは容易ではありません。ただ、医学的な診断としてのLD（厳密にはLearning Disorder）よりも教育分野でのLD（Learning Disabilities）の方が聞く・話すというコミュニケーション能力を含めている点で幅が広いとらえ方をしていますし、同じLDと言っても学習の困難さを抱えている子という意味でLearning DifficultiesやLearning Differencesととらえられることもあります（田中、2008）。障害かどうかよりも、どういう支援を必要としているかということに目を注ぐとよいでしょう。

(2) 注意欠陥多動性障害（ADHD：Attention Deficit/Hyperactivity Disorder）

　注意欠如・多動性障害と訳されることもあります。ADHDについての文部科学省の定義は次の通りです。

> 「ADHDとは、年齢あるいは発達に不釣り合いな注意力、及び／又は衝動性、多動性を特徴とする行動の障害で、社会的な活動や学業の機能に支障をきたすものである。また、7歳以前に現れ、その状態が継続し、中枢神経系に何らかの要因による機能不全があると推定される。」

　さらに、ADHDの子の状態像としては表10-2のような様子が見られます。

　不注意の傾向だけが強い場合を不注意優勢型、多動性－衝動性の傾向だけが強い場合を多動性―衝動性優勢型、どちらの傾向も見られる場合を混合型と呼びます。

　ただし、こうした傾向は相手との関係や環境に影響を受けて強まったり、弱

表 10-2　ADHD の子の様子（文部科学省、2004 を参考に筆者作成）

不注意	細かいところに注意を払わないで不注意な間違いをする、気が散りやすい、話しかけられても聞いていないように見える、指示に従えない、順序立てて活動することが難しい、物をよくなくす、忘れっぽい
多動性	手足をそわそわ・もじもじ、じっとしていない、座っているべき時に席を離れる、過度に走り回ったりよじ登ったりする、過度にしゃべる
衝動性	質問が終わらないうちに答える、順番を待つのが難しい、他の人がしていることを邪魔する

まったりすることがありますので、ADHD の行動特性が見られるからといって安易にそう決めつけることはできません。一般に、音や視覚的な刺激が多い環境であったり、自分の気持ちや特性が理解されずに過重な課題やルールを課せられる環境では、必要以上にこうした行動傾向が強まり、不適応につながることがあります。また、不注意や多動性・衝動性という傾向は学習障害や広汎性発達障害（自閉症スペクトラム障害）の子どもでも見られますし、虐待を受けた子が同様の状態像を示すことも指摘されます。ADHD の行動傾向は服薬で軽減できる可能性があり、周囲が共通理解をもって適切な支援を行うために医療機関で診断を受けた方がよいと思われることがあります。保護者に医療機関の受診を勧める場合、いきなり「こういう障害の可能性があるから」とか「学校で問題を起こすから」といった勧め方では、保護者は学校から見捨てられるような不安を感じてしまいます。日頃から、子どもの身になって学校が心配していることを伝えて、子どもを支えることを共通目標に家庭と学校との信頼関係を築くことが大切です。

さて、尾崎ほか（2009）は、LD や広汎性発達障害のある子どもも含めて発達障害児全般によく見られる、学習過程に影響を与える特性を表 10-3 のように挙げています。これは ADHD をもつ子どもにもよく当てはまっています。

表 10-3 にある特性を知っておくと、発達障害の子どもたちを理解する上で役立ちます。①注意の散漫性や②抑制困難、そして④統合困難性は、③図と地の混乱と大きく関係していると考えられます。そうした子には、指示や課題内

表 10-3 発達障害児に共通する特性 (尾崎ほか、2009 を参考に筆者作成)

①注意の散漫性（被転導性：気の散りやすさ）：感覚性過活動	集中力がたりないというよりも、別のこと（五感や身体内外の刺激）に注意が向かいすぎる。
②抑制困難（多動性）：運動性過活動	無関係な刺激に反応し、行動を起こしてしまう。行動する前に何をしようとしているのかを言葉で言う習慣を。
③図と地の混乱（図：注目すべき重要なもの、地：背景となるもの、意識の外においていいもの）	図（今何に注目すべきか、何をすべきか）を見失いやすい。視覚、聴覚それぞれで生じている。「図の強調」と「地の消去」が有効。
④統合困難性	細部にとらわれて全体が見えていない。部分と全体との関係をつかむことが難しい。
⑤固執性	ある活動から別の活動へと容易に活動を移すことができない。
⑥不器用	身体意識が未発達で、身体がどのようなもので、どんな動きや働きをするか、よく気づいていない。

容を目立たせること（「図の強調」）、関係ない刺激を減らすこと（「地の消去」）が集中・理解を助けます。例えば、教師が必要なことをはっきりと簡潔に話すようにし（「ちょっと待って」よりも「1分間待って」の方が明確な指示です）、教室内の飾りや掲示物をできるだけ減らす（少なくとも正面の黒板付近は）ことなどが役に立ちます。また、「構造化」といって、スケジュールや作業の流れを目で見えるようにわかりやすく示す方法も有効です。今は何をするのか、それはいつまで続くのか、その後は何をするのか、という見通しをもたせることが助けになるのです。これらは、決して「特殊な指導法」というわけではありません。むしろ、障害をもたない子にとっても役に立つ、「よりわかりやすい指導法」（尾崎ほか、2009）が求められるのです。

(3) 広汎性発達障害 (Pervasive Developmental Disorder)

自閉症やアスペルガー症候群（障害）を含む名称です。自閉症スペクトラム障害（自閉スペクトラム症）とも呼ばれます。知的な能力に遅れがないものを「高機能」と呼び、高機能自閉症や高機能広汎性発達障害と呼ばれます。文部科学省は、高機能自閉症について次のように定義しています。

「高機能自閉症とは、3歳位までに現れ、他人との社会的関係の形成の困難さ、言葉の発達の遅れ、興味や関心が狭く特定のものにこだわることを特徴とする行動の障害である自閉症のうち、知的発達の遅れを伴わないものをいう。また、中枢神経系に何らかの要因による機能不全があると推定される。」
　自閉症についての社会的な理解が広まった1つのきっかけに、映画「レインマン」(1988年、アメリカ) があります。ダスティン・ホフマン演ずる自閉症の青年は、日課や習慣へのこだわりが強く、数字や電話帳などに強い関心を示し、卓越した記憶力をもっていました。その特徴的な行動パターンが、映画の中でよく描かれています。
　自閉症と同じく強いこだわりやコミュニケーションの難しさをもつものの、アスペルガー症候群は言葉の遅れが少ないのが特徴です。自閉症を中核的な症状としつつ、共通する特性をもっている子を含めてそのすそ野を広げると、広汎性発達障害 (または自閉症スペクトラム障害) というとらえ方になります。
　広汎性発達障害は、自閉性の程度と知的能力の組み合わせによって非常に幅の広い状態像を示します。言葉でのやり取りが難しくパニックや自傷行為 (頭を壁にぶつけたり、自分の手や腕をかむなど) が見られるような子から、言語能力が高く、難しい言葉や観念をまじえて表現できる子 (でも相手の気持ちを汲み取ったり、場に合わせて柔軟に振る舞うことは苦手) まで、様々です。その共通特性として指摘される「社会性の障害」「コミュニケーションの障害」「想像力の障害」の3点に分けて、高機能自閉症の子の通常学級での具体例を、文部科学省 (2004) から表10-4にまとめました。
　表10-4に挙げたような特徴の他に、知覚の過敏性もよく見られます。他の人には気にならないような音や身体接触、匂いなどの刺激が耐えがたいほどの強さで不快に感じられるのです。何かの活動を避けたり、パニックを起こす時は、もしかしたら感覚的な刺激が強すぎるのかもしれません。大きな声、チャイム、スピーカーからの音、肩に手を置く程度の身体接触など、他の人には気にならないことでも非常に嫌がる場合があります。本人を指導してその活動に

表 10-4　高機能自閉症の具体例（文部科学省、2004 より筆者作成）

社会性の障害（人への反応やかかわりの乏しさ、社会的関係形成の困難さ）	・友だちと仲良くしたいという気持ちはあるけれど、友だち関係をうまく築けない。 ・友だちのそばにいるが、1人で遊んでいる。 ・球技やゲームをする時、仲間と協力してプレーすることが考えられない。 ・いろいろなことを話すが、その時の状況や相手の感情、立場を理解しない。 ・共感を得ることが難しい。 ・周りの人が困惑するようなことも、配慮しないで言ってしまう。
コミュニケーションの障害（言葉の発達の遅れ）	・含みのある言葉の本当の意味がわからず、表面的に言葉通りに受けとめてしまうことがある。 ・会話の仕方が形式的であり、抑揚なく話したり、間合いがとれなかったりすることがある。
想像力の障害（興味や関心が狭く特定のものにこだわる）	・みんなから、「〇〇博士」「〇〇教授」と思われている。 ・他の子どもは興味がないようなことに興味があり、「自分だけの知識世界」をもっている。 ・空想の世界（ファンタジー）に遊ぶことがあり、現実との切り替えが難しい場合がある。 ・特定の分野の知識を蓄えているが、丸暗記であり、意味をきちんとは理解していない。 ・とても得意なことがある一方で、極端に苦手なものがある。 ・ある行動や考えに強くこだわることによって、簡単な日常の活動ができなくなることがある。 ・自分なりの独特な日課や手順があり、変更や変化を嫌がる。

　無理に参加させようとするよりも、苦手と思われる刺激を減らす工夫を考えてみた方がよいでしょう。一般に、広汎性発達障害の子が強いこだわりを示したり、激しく嫌がる時は、それを強い口調で叱ったりきつく指導すると、より一層気持ちが動揺してしまうので逆効果です。ふだんと変わらない穏やかな口調を心がけて、まずは安心させるような働きかけが求められます。

　それぞれの子の特性や苦手なことを把握し、その子にとっての日常の困難を少しでも低減していくことが対応の基本です。環境面では過敏性への配慮だけでなく、スケジュールや予定を可視化するような構造化を取り入れたり、誤解を招くような表現（比喩などのまぎらわしい表現や裏の意味がある言葉など）を避け、なるべく具体的な言い方をすることなどが挙げられます。また、話を聞きなが

ら人間関係のルールやソーシャルスキルを紙に図示することも有効です。「〜してはダメ」（例：走ってはダメ）という否定的な言い方ではなく、「〜するのがよい」（例：ここでは歩いて下さい）と肯定的な表現に変えることで、指示が通りやすくなることもあります。そして、周囲の子からの誤解やいじめを防止することも大切です（ふとしたからかいの表現を文字通り受け取って大きく傷ついてしまうことがあるので、十分な注意が必要です）。

　広汎性発達障害をもつ子どもたちは、その独特なこだわりや社会性・コミュニケーションの困難ゆえに、人からの共感を得にくい面があります。わがままや変わった子と周囲に思われ、それが本人の疎外感や孤独感を強めることもあります。しかし、障害の部分や問題行動だけに目を向けるのではなく、その子の興味・関心、好きなこと・得意なことに目を向けてみましょう。少しずつその子がもっている豊かで独自な（そして往々にして繊細な）世界をともに味わうことができれば、社会性や人間関係の面で成長につながります。周囲に見える客観的な言動からはわかりませんが、その内的世界（または世界の体験のしかた）は一般の人と質的に異なっている可能性が指摘されています。田中康雄（2008）や田中千穂子（2009）は、自閉症の当事者（ドナ・ウィリアムズさんやテンプル・グランディンさんなど）が書いた手記をまとめてその体験世界に注目しています。多くの人と違う能力や感じ方をもちながら、それでも社会で生きていかなくてはならない苦労や怖さと、そのための自分なりの工夫（それが周囲にはこだわりや奇異な言動に見えることがあるようです）をしていることが読み取れます。

　自閉症の東田直樹さんは、子どもの頃他の子が砂山を作って遊んでいる時に、1人でただ砂をすくって落とすことを繰り返していたそうです。客観的には自閉症の「繰り返し行動」と言えます。自閉症児に特有な行動としてよく見られますが、自分が何をしているのかを説明できる子は少なく、「無目的な行動」としてそれ以上の共感や注目を集めることは難しいものです。しかしお母さんとのコミュニケーションの中で、東田さんの場合は砂の落ち方に興味をひかれ、その行動を繰り返していたことが明らかになります（東田、2005）。周りには無目的な意味のない行動に見えたものが、本人には魅力と興味を感じる活動だっ

【コラム 10-1：スクールカウンセラーからみた特別支援教育】

「先生、ブレイクダンスできる？」＜えっ、先生!?　できないよ＞「俺、できるんだよ。やってあげるよ。見てて」＜見ててって、今は授業中だから……＞制する間もなくＡ君は座席から立ち上がり、授業中の教室で独楽のように勢いよく回転し始めました。そして最後に「いぇい！」とポーズを決めて筆者に笑いかけました。一瞬の出来事に筆者は何が起きたのか把握できませんでしたが、「Ａ君、今は算数の授業だけれども、君の回転速度は求めていないよ」と担任の一声とともに生じる子ども達の笑い声で筆者は我に返りました。「はい、すいませーん」と照れ笑いを浮かべながらＡ君は自席へと戻っていきました。

　これは筆者がスクールカウンセラーとして担当したある小学校への派遣初日の授業参観中に体験した出来事です。Ａ君は入学当初から落ち着きがなく、授業中には教室外へと抜け出していってしまうことも多く、その都度、先生方は校内を探し回っては、頭を悩ませていました。しかし、Ａ君が医療機関でADHDと診断されたことを契機に、それまでの「落ち着きのない子」といったとらえ方から、「落ち着きたくても落ち着けない子」といったとらえ方に学校全体で変わっていきました。そして、落ち着けないなりにどう落ち着けないかを考えようといった具合に、Ａ君の「落ち着けなさ」を一つの個性としてとらえながら、先生方はＡ君の行動を観察、分析し、根気強く指導を重ねていかれました。言葉かけを工夫したり、Ａ君の座席が教室の後方に配置された時の方が、授業中に立ち歩きやすいとわかれば座席を前方に配置したり、可能な限り学生ボランティアを手配してＡ君につき添ってもらったりなどといった対応を、担任、養護教諭、特別支援コーディネーター担当の先生、スクールカウンセラーで考えていきました。

　その結果、Ａ君の行動には少しずつ落ち着きが見られるようになり、時折授業中に落着きがなくなることがあるものの、教室から飛び出して行くことはなくなっていきました。ただ、ある時、授業中の立ち歩きがひどく、担任が声掛けをしても座席に戻れないといったことが目立ったため、以前のＡ君に戻ってしまったのではないかと担任から筆者に相談がありました。担任からＡ君の近況を聞くと、以前から所属していた野球チームで思うような結果が出ていないらしく、その頃から授業中に貧乏揺すりをすることが目立ってきたと語られました。そして、貧乏揺すりを担任が制止するようになってから、反対にＡ君の立ち歩きが目立ったかもしれないと語られていきました。そこで、筆者はＡ君なりに自分の落ち着けなさを、貧乏揺すりといった局所的な動きに閉じ込めようと努力しているのではないかと担任に伝え、しばらくの間、Ａ君が授業中に貧乏揺すりをしても制止せずにいてもらいました。するとしだいに、Ａ君が座席へ戻れる回数は

増えていきました。そして同じ頃A君が校内の相談室にふらりとやってきては、野球チームで思うような成果が上がらない苛立ちを話していくようになりました。筆者がA君の得意としているブレイクダンスとの違いを中心に話を聴いていると、打つのは苦手だけど投げるのは得意かもしれない、得意なのを頑張ってみようかな、といった話を自らするようになっていきました。

その後、A君が座席へ戻れなくなることはなくなり、A君にかかわる大人たちも貧乏揺すりが見受けられる際には、A君なりの努力であると同時に、サインでもあるといった共通認識のもと、接していくようになりました。　　　　　　　　　（西谷　晋二）

たのです。こうした子どもたちには、特に光や水、砂などが一般の人とは違う見え方をしていることがあるようです。また、杉山（2000）は、十数年前の幼稚園時代の1日の出来事を、10年もの時間をかけて約2000枚の絵に描き上げた自閉症の青年を紹介しています。とても真似できないような、根気と繊細さ、そして内的世界の豊かさを感じます。

4．指導・訓練の前にもっと大事なこと

小児科医師の小西（2011）は、「ほめられたから自信がつき、叱られたから自尊感情が傷つく——発達障害の子どもはそれほど単純でも、弱い存在でもありません」とした上で、「彼らは『自分の行動の理由やその背後にある思いが理解されないまま叱責されつづけること』に傷ついているのです」と述べています。叱られても、それが納得のいくことなら自尊感情までは傷つかないものです。でも、自分では直しようのない、いわば自分とは切り離せない行動の一つひとつを非難されることで、「『自分であること』は永遠に認められないのだとあきらめ、自信を失っていく」（小西、2011）のではないかと指摘しています。

「○○障害」と名前がつくと、一般の子とは違う子と見られてしまいます。その結果、「できなくてもしょうがない」と周りの許容範囲が広がったり、学校や家庭での対応がその特性に応じた（と本で紹介されている）指導・訓練に切

り替わったりします。本章でも簡潔に対応のポイントを紹介してきましたが、実はそれ以前にもっと大事なことがあるのではないでしょうか。それは、障害があろうとなかろうと、どの子も自分の意志や感情、プライドをもっているということです。障害だからできなくてよいとか、この障害にはこういう対応がよい、と周りが安易に考えずに、子どもの意志や気持ちを大事にした方がよいでしょう。できない自分をその子がどう感じているのか、今までどんなことで傷ついてきたのか、どうなりたいと考えているのか、先生や他の子たちに協力してほしいことは何か、これから自分のために用意される教材や支援・指導についてどう思うか、などの一つひとつを丁寧に子ども本人と話し合いながら進めることが大事なのです。たとえ十分に自分の意志を伝えられなくても、それを聞こうとしている大人がいること、そして自分が大切にされている、尊重されている、という実感こそが、自尊心や自己評価を支える土台になるのです。

(卯月　研次)

＊引用文献

東田直樹　2005　勇気はおいしいはず　小学館

小西行郎　2011　発達障害の子どもを理解する　集英社新書

文部科学省　2004　小・中学校におけるLD（学習障害）、ADHD（注意欠陥／多動性障害）、高機能自閉症の児童生徒への教育支援体制の整備のためのガイドライン（試案）　東洋館出版社

小野次朗・上野一彦・藤田継道（編）　2010　よくわかる発達障害（第2版）　ミネルヴァ書房

尾崎洋一郎・尾崎誠子　2009　発達障害とその周辺の子どもたち―発達促進の基礎知識　同成社

杉山登志郎　2000　発達障害の豊かな世界　日本評論社

滝川一廣　2004　「こころ」の本質とは何か　ちくま新書

田中千穂子　2009　発達障碍の理解と対応　心理臨床の視点から　金子書房

田中康雄　2008　軽度発達障害―繋がりあって生きる　金剛出版

Chapter 11

アセスメントと情報の共有

> 子どもの問題は、例えば「授業中立ち歩いてはいけません」「明日から学校に来なさい」といった直接的な指導では、なかなか改善しないことがあります（これで解決したら、発達障害や不登校の問題はなくなりますね）。また、一つひとつの問題行動に振り回されて、長期的な指導方法や目標が見えなくなってしまうこともあります。この章で扱う「アセスメント」とは、問題行動だけに目を奪われるのではなく、その児童生徒が置かれている状況とその子の特徴を把握し、見通しをもった指導をするためのものです。

 1. アセスメントとは

アセスメントという言葉は「査定・評価」という意味ですが、医療の分野では「診断」や「見立て」と同じような意味で使われます。精神科医師の土居(1996)は、「見立て」について「患者の病状を正しく把握し、患者と環境の相互関係を理解し、どの程度まで病気が生活の支障となっているかを読み取ることである」と述べています。単に診断名をつけることではなく、もっと患者の生活に目を向けた、具体的なものと理解できます。

では、教育相談でのアセスメントは、どのようなものでしょうか。『スクールカウンセリング事典』では、「心理教育的アセスメントによって明らかにしたいことは、子どもの援助ニーズ、および子どもの自助資源（子ども自身の強さで、問題解決に役立つもの）と援助資源（子どもの問題解決に援助的な機能をもつ人的資源や物的資源）である」としています。また、学校心理学の立場から、石隈(1999)は「心理教育的アセスメントは、子どもの問題状況についての情報を収集し、分析して、援助的介入に関する意志決定を行う資料を提供するプロセスである」

と述べ、さらにアセスメントの対象は子ども本人や環境（学校、家庭、地域）だけでなく、援助者自身の価値観や能力も含むとしています。

　アセスメントは、「不登校だ」「学習障害だ」などと子どもにラベルを貼ることではありません。その子の特性や置かれている環境をありのままに把握すること、つまり事実を集積することから始まります。「いつも落ち着きがない」「要するに多動児なのだ」などとまとめすぎてしまうと、その子どもを理解できず、対応も見えてきません。また、「そういう考え方は甘い」「努力が足りない」などと周囲の価値観や理念で対応方針を決めるものでもありません。具体的な事実に目を向け、その子を多面的に理解することで、対応や指導の方向を見極めることができるのです。

　また、アセスメントは１つの正解を出して終わるものでもありません。情報をまとめ、それに基づいた対応を検討したら、さらにその後の様子を見ながら、またアセスメントや指導方法を修正していくという柔軟で動的なものです。これは、「Plan-Do-See」（計画の策定－実施－評価）のプロセスとも呼ばれます（文部科学省、2004）。いわば、かかわりながら絶えずアセスメントを続けることと言えます。その意味で、これをすればアセスメントになる、という定型化したフォーマットがあるわけではありません。

2. アセスメントのための着眼点

　アセスメントのための資料には、①面談からの情報（児童生徒本人や保護者、周囲の子ども等から聞いた内容）、②観察からの情報（日頃の色々な場面でのその子の言動や表情、絵や工作などの作品）、③**客観的資料**（学業成績や心理検査での数値化された情報、医学的検査結果）などがあります。アセスメントは、まずはこうした情報を整理することから始まります。できれば、自分の視点だけではなく、他の教師や保護者の協力を得ながら幅広く情報を集め、整理するとよいでしょう。その際、個人情報に関する内容が多いので、情報の聞きとりや記録の管理には十分に慎重でなければなりません。文部科学省（2004）は個別の指導計画の書式例を挙

げていますし、石隈（2003）は「援助シート」として書式を紹介していますので、情報のまとめ方の参考になります。

問題の性質や子どもの年齢、個別の事情によってアセスメントに必要な情報は変わりますが、表11-1のような点に着目してみてください。

この表は、アセスメントにつながる情報にはどのようなものがあるのかを概略的に示したものです。すべての領域について完全な情報収集をする必要はありません。むしろ、学校現場では子どもに関する情報（子どもを理解するための手がかり）が多いので、新たに情報収集するよりも、自分がふだん見て、聞いて

表11-1　アセスメントにつながる着眼点

問題の状況	どんな時に、誰といて、何をしている時、どういうきっかけで何が起きて、どういう展開となり、その後どうなったか。何回かあるとすれば、状況に共通する点はあるか、など。
家庭状況	家族構成、家庭での生活の様子、家族関係、など。
知的な面での特徴（認知的・情報処理）	全体的な水準に加えて、詳細に見ると偏りは見られないか。抽象的思考と具体的思考との差、言語能力（理解、表出）、論理的思考、視覚刺激と聴覚刺激への反応の違い、など。
行動・運動面での特徴	積極性、自発性、持続性、要領のよしあし、タイミング、ぎこちなさ、不器用さ、衝動性、落ちつきのなさ、種々の癖、など。
対人関係の特徴	同年代の子との友達関係、大人や年少の子との関係、先生との関係などにおいて、幅の広さ、つきあいの深さ、そのパターンなど。
自分に対する考え方	自分をどのように評価し、どのような性格と見ているか、どんな理想をもっているか。自己卑下や、悲観、極端な完全主義、禁欲的、自罰的、強すぎる義務感、性別に対するイメージ、など。
感情面での特徴	基本的に持続している感情・気分、状況の変化への反応とその適切さ、気持ちが大きく変わることがあったか、など。（冷淡さ、明るさと暗さ、たかぶり、怒り、イライラ、気分の変わりやすさ、嫉妬、恨み、ひがみ、不安、緊張、恐怖、罪悪感、など。）言葉で表現されるものだけでなく、表情、しぐさ、身体表現などからも推察できる。
現実状況の受けとめ方と対処	周囲の状況を正確に把握しているかどうか、注意が散漫か、少しの刺激に敏感か、常識的な受けとめ方と反応ができるか、ストレスへの耐性はあるか、ストレスがある時はどんな対処をするのか、など。
健康面	持病や既往歴などの医学的情報、繰り返し出やすい不調、体は丈夫な方か、など。

いることを落ち着いて整理してみてください。ちょっとしたその子の表情や、ふと発した言葉、たまたま目にしたエピソードなどの中に、意外なほどその子についての情報が多く含まれているものです。

3. 教育相談で役立つアセスメント・ツール

(1) アセスメントと心理検査

心理検査はアセスメントで役立つ重要なツールです。例えば病院で問診や触診だけで判断がつくこともあれば、レントゲンや血液検査を実施して詳細な結果を必要とすることがあるように、教育相談でも問題の性質によっては心理検査を実施して、客観的な資料を増やした方がよい場合があります。

一つは、LD、ADHD、広汎性発達障害（自閉症スペクトラム障害）など発達上の障害や偏りが考えられる場合です（第10章参照）。知能や能力の程度を測る知能検査が指導のための有力な情報を与えてくれます。他にも、不登校や集団不適応、反社会的行動などの行動上の問題を呈している場合も、背景に能力のアンバランスや認知の偏りをもっていることがありますので、心理検査が役に立つことがあります（必ずというわけではないので、これはやや専門的な判断が求められます）。

次に、ある程度客観的に子どもの状態を関係者間、または本人との間で明確にした方がよい場合です。心理検査には知能検査だけでなく、性格検査、適性検査など様々なものがありますので、本人が自分の傾向や特性をつかむためにも役立てることができます。どんな性格傾向で、対人関係ではどんな特徴があり、優れていることや苦手なことは何か、どういうことに適性があるのか、という検査結果を相談の材料とすることで、子ども本人の自己理解を深めることができます。また、その子の状態を客観的な数値や検査結果として把握しておくことで、学校、家庭、病院、相談機関、福祉的窓口など領域の違う関係者間で状態を共通理解することができるようになります。あるいは、就園、就学、進学など新しい環境に入る時に、受け入れる側が適切な準備を整える上でも役

立ちます。

　いずれの場合も、心理検査を実施する時にはその目的や必然性を十分に検討しなくてはなりません。知能指数(IQ)のように重要な個人情報も含まれますし、検査には長時間かかるものがあり、実施自体が子どもに負担をかけることもあるからです。検査実施の目的を本人や保護者に丁寧に説明し、実施の同意（インフォームド・コンセント）を得る必要もあります。検査結果はできるだけ本人や保護者にわかりやすく伝え、その後の指導に生かすことが大切です。

(2) 心理検査の特性（個人間差と個人内差）

　心理学では、人間の様々な特性を測る検査が開発されてきました。テレビや雑誌の心理テストとは違い、現場で使われる心理検査は、検査課題や検査方法、採点基準などが大勢のサンプルでの統計的処理を経て、厳密に定められています。大勢の人たちと比べて、その人がどういう傾向を強くもっているのか、という情報が得られるのです。ただ、心理検査の結果は絶対的なものではありません。他の資料と合わせて総合的に判断するものであり、検査結果だけを過信することはできません。また、教育現場では不必要に能力の優劣をつけることが差別につながることを嫌い、知能検査に反対する意見もあります。

　こうした心配は、知能検査の「個人間差」の側面を強く意識したものといえます。個人間差とは、他の人たちと比べた時の違いや集団の中での相対的な位置づけを意味します。検査や評価、アセスメントという時には、多かれ少なかれ個人間差の視点が入りますし、それも一つの大事な資料です。一方、近年の知能検査は、知能を多面的にとらえるようになり、個人間差だけでなく、その人の中での能力の得意・不得意を見ることができるようになってきました。これを「個人内差」といいます。例えば、この子は言葉で説明されるとうまく理解できないが、視覚的に図で示されると理解が早い、といった、個人の中での特徴を細かく把握することを指します。さらに、検査によっては、言葉での理解が苦手なのは、集中して音声を聞くことはできていて短い情報なら覚えていられるが、長くなると情報の保持が難しくなり、順番がわからなくなるからだ、

といった特徴も知ることができます。すると、今後の指導ではできるだけ指示は簡潔に短く伝え、絵や図で補いながら授業展開していこう、といった見通しにつながるのです。

次に、教育相談で効果を発揮している心理検査の中で、特に個人内差を測定できるものを紹介します。これらの検査の実施や解釈には訓練を要するので、自分が実施するためというよりも、どういう検査があり、何を測定することができるのかを知ってもらえればと思います。相談機関や医療機関からの所見に検査結果の記載があれば、学校でも活用しやすくなるでしょう。

(3) 教育相談で役立つ心理検査
①ウェクスラー児童用知能検査 (Wechsler Intelligence Scale for Children)

頭文字をとってWISCと呼ばれ、ビネー式知能検査と並んで代表的な知能検査です。時代に合わせて改訂・標準化を繰り返しているので、第3版をWISC-Ⅲ、第4版をWISC-Ⅳといいます（成人用はWechsler Adult Intelligence Scale、略してWAIS、幼児用はWechsler Preschool and Primary Scale of Intelligence、略してWPPSIがあります）。内容はWISC-Ⅲでは13の下位検査があり（WISC-Ⅳでは15）、全体的な知能指数（IQ）に加えて、いくつかの下位検査を組み合わせた合成得点で言語理解、知覚統合（WISC-Ⅳでは「知覚推理」）、注意記憶（WISC-Ⅳでは「ワーキングメモリー」）、処理速度の4つの能力が示されます。他にそれぞれの下位検査の結果があるので、これらの全体から個人間差だけでなく個人内差を見ることができます。

〈WISC-Ⅲ結果の例〉

小学4年男児の例です。学習の遅れを主訴に両親と相談機関を訪れ、継続相談の中で検査を施行しました。

WISCでの知能指数は100を平均とし、±15の範囲に約68％の人が含まれるとされます。まず、動作性IQ（97）が標準域にあるのに比べ、言語性IQ（74）が低いことがわかります。群指数を見ても、言語理解（71）だけが低いようです。下位検査では、動作性検査の項目はおおむね標準域か高い水準にあるのに、言

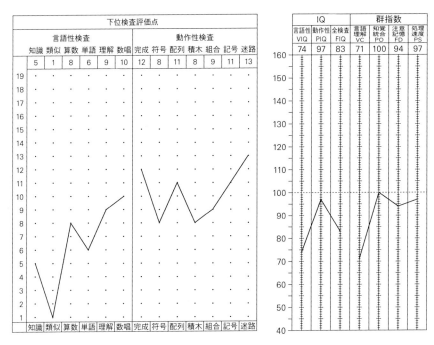

図 11-1　WISC-Ⅲ結果の例

語性検査では特に「類似」が低く、他に「知識」「単語」が低いことがわかります。言葉で説明された時の理解や、言語を使って頭の中で考える課題などで特に配慮を要すると思われます。一方、動作性検査の結果からは、基本的な知的資質は十分にあり、視覚的な教材を増やすことで学習を促進できる可能性が読み取れます。

②心理・教育アセスメントバッテリー (Kaufman Assessment Battery for Children)

K-ABCと略称されます。この検査の特徴は、認知処理過程を継次処理過程と同時処理過程等に分けて測定する点です（第2版となるKABC-Ⅱでは、継次尺度、同時尺度、計画尺度、学習尺度の4つになっています）。継次処理とは、情報の提示順序や処理する順番が重要となるものです。1つずつ段階的に進める課題、部分

から全体へと取り組む課題や、聴覚・言語的な手がかりに依存するような課題は継次処理を必要とします。同時処理とは、順番には関係なく一度に与えられた多くの情報を全体的に処理して、課題を解決するものです。全体的な概念や問題から部分へと取り組んだり、視覚的・空間的な手がかりに依存するような課題で測定されます。K-ABCでは、これまでの学習で身につけたものを測る習得度尺度も測定されるので、こうした認知処理過程尺度と比較してさらに特徴を見出すこともできます。

③イリノイ式言語学習能力検査 (Illinois Test of Psycholinguistic Abilities)

ITPAと略称されます。もともとLDの診断テストとして開発され、言語学習にとどまらず、様々な能力から個人内差を見ることができます。主に言葉を扱う「聴覚－音声回路」と目で見た情報を扱う「視覚－運動回路」に分けて、それぞれで「受容」（情報の認知・理解）、「連合」（概念や表象の内的操作）、「表出」（言葉や動作で表現）の各段階の能力を測ることができます。

例えば質問にうまく答えられない子がいる場合、聴覚－音声回路の表出が弱いためであるとわかれば、質問の内容はわかっていて（受容）、答えを導き出すこともできているが（連合）、それをうまく言葉にできていないからだ、と理解することができます。受容でつまずいているのであれば、質問をゆっくりわかりやすくすることが有効ですが、表出でのつまずきであればその必要はありません。文章を作る練習をしたり、視覚－運動回路を活用して身ぶり手ぶりを促し、自己表現の練習をすることなどが役立つと考えられます。

ここでは、特に個人内差を測定できる知能検査を紹介しました。心理検査は他にも数多くあり、知能検査としては、ビネー式知能検査や集団式知能検査などもよく使われます。また、性格検査としては矢田部－ギルフォード性格検査（Y-Gテスト）やエゴグラムなどは実施や採点が容易で、結果も比較的理解しやすいので、教育現場で活用しやすいでしょう。

4. アセスメントの姿勢・着眼点

　情報を丁寧に整理すると、おのずとその子の特徴が浮かび上がり、理解が深まるものです。しかし、それぞれの情報が総合的なアセスメントにつながらなかったり、大事な情報を見逃してしまうこともあります。こうした情報を的確なアセスメントに結びつけるために役立つ考え方を具体例をまじえながら紹介します。

(1)「できないこと」(短所) と「できること」(長所) の両面を

　アセスメントをする時は、「できないこと」や問題につながる背景情報などのネガティブな面に目が向きがちです。そうした情報はもちろん大切ですが、一方でその子が他児と同じように「できること」は何か、他児よりも優れているところは何か、本人が得意なこと、興味をもっていることは何か、といったポジティブなことを把握することも必要です。それがその子の「自助資源」であり、問題行動や短所を補うために活用できるので、自信の回復につながったりします。授業中に立ち歩いてしまうのだとすれば、何の時間にどれくらい立ち歩いたかという情報と同じくらい、何の時間にどれくらい「座っていられたか」(例えば図工で粘土をした時は30分間集中して座って作業できた、など) という情報もその子を理解するためのアセスメントに活用できるのです。また、立ち歩くのは離れた席の友だちに会いに行くためであり、その友だちが忘れ物をした時は自分の道具を貸してあげていた、などという優しい面もあるとしたら、大事な特長といえます。

　小学6年生のA君は、小学校時代は通常学級で過ごしましたが、中学進学を前に、このまま通常学級で行くか、特別支援学級に進むかを迷った両親に連れられて相談に来ました。小学校高学年からは、授業の内容もほとんどわからなくなっているといいます。継続して相談する中で実施した知能検査では、軽度の知的な遅れが見られました。お母さんはA君の負担を考えて、特別支援学級を考えています。お父さんは、それでも通常学級に通わせたいと考えまし

た。「こないだの宿題もできたじゃないか」とお父さんが言った後、私たち大人が他の話をしていると、しばらくしてA君が「あれはお父さんがやったんだよ」と小声で言います。それが検査時の課題に取り組む様子と重なりました。時間はかかるものの、自分で一所懸命に答えを出そうと考える姿が印象に残っていました。ただ、検査課題には制限時間があり、多くは得点につながらなかったのです。さっきの一言は、ずいぶん前のお父さんの言葉を考え続け、A君が自分なりの結論を出して意思表示してくれたもののように感じられました。私からは、「A君は自分で考えられる子です。自分で課題に取り組もうとする姿勢ももっています。これは大事にしてあげたいところです。ただ、他の子よりも時間がかかるようです。通常学級のスピードだと、A君が考え終わる前に次の課題に進んでしまうのだと思います」とご両親に伝えました。さっきのような、時間が経ってから小声で言う答えは、大勢のクラスの中でかき消されてしまうのと同様、会社で忙しく働いた後に宿題を手伝うお父さんのスピードの前では、家庭でも伝わりにくくなっていたのだと思います。もしかしたら、A君の力を伸ばしてあげたいと強く思うだけに、特別支援学級を選ぶことがそれをあきらめることになるとお父さんは感じていたのかもしれません。逆に今のままの通常学級の環境ではA君の良さを十分に生かせていないという見方は、お父さんにもすぐ伝わりました。

　できない部分にだけ目が向きすぎると、他の子に追いつき、同じことを身につけさせようとプレッシャーをかけてしまうことがあります。その子の長所に目を向け、それを伸ばしていくような視点も大切にしたいと思います。

(2) 本人の体験のしかたに目を向ける

　表面に現れる言動はわかりやすいのですが、その背景にあるその子の体験のしかた（情報処理過程や認知過程という呼び方もありますが、もっと広い意味でこう呼びたいと思います）に目を向けると、アセスメントは深まります。周囲から見た、客観的なその子の特徴を把握するだけではなく、そういう特徴をもったこの子には世界がどう見えているのか、どう体験されているのか、という視点でその

子の側に立って理解しようとするのです。同じ状況にあっても、体験のしかた・感じ方は人それぞれです。ただ、人がどう体験しているのかは目に見えません。前述のように、面談や観察から得られた情報や客観的資料の中から手がかりを探すことになります。言動や作品で表現された中から、「あれ、他の子の反応や表現と違うな」と思うところがあれば、それがその子の体験のしかたを知る糸口になります。例えばB君の例をみてみましょう。

　B君は、小学5年から学校に行けなくなりました。学校では「おとなしくてまじめな子」と見られていました。ちょっと細かいことを気にする神経質なところはあるものの、勉強ができないわけでもなく、友だちとトラブルがあったわけでもありません。家庭に少し事情があったこともあり、学校としてはそれが原因だろうと考えていました（こういう表面的な"アセスメント"では、学校では見守るしかないということになりがちです。対応の方向性が見えず、担任の先生も苦慮していました）。

　相談室でのカウンセリングでは、毎回自由に絵を描きながら話しました。彼の描く絵は構図が独特です。動物の横顔のアップ、丸い物を描いていると思ったら「ピンに当たった瞬間のボーリングの玉」、車を描けば、流れる風や回転する車輪の動きまで表現します。一方で、人間は体の途中までであったり、物の全体像を描かないことが気になりました。会話の中でも、中心的な話題よりもそれが起きた日時や場所、そこにいた人、言った言葉、物の値段などを詳しく話すのです。ものごとの全体像よりも、細部に注目する傾向が強いことが推察されました。ある日のカウンセリングで、「風景を描いてみて。まず山。……次は川。……」と課題を出した時、「次は"はな"を描いてください。」と言ったら、B君は山や川の間に、顔の中の「鼻」をまじめに描きました。今は何をしているのか、という全体の流れを把握していれば、風景の中に「花」を描く状況です。全体よりも部分に着目するのは、観察力の鋭さや独創性を反映している場合があります。しかし、全体の把握が十分でないと、こうした誤解や周囲とのズレを生じることになります。周りには気にならない程度だったかもしれませんが、おそらくB君は教室の中で戸惑うことが多かっただろうと

思います。

　大人でも、精神的に負荷がかかると視野が狭くなることはあります。B君の場合、もともとこうした傾向があったと思いますが、この時期は一層全体を見ない傾向が強まっているように見えました。彼の視野を広げようと、少し違う意見を言ったり、見落としていることをやんわり伝えると、指先や口元を震わせながら、否定することがありました。全体が見えない、あるいは全体を見ないという体験のしかたが、不適応につながっている反面、同時に自分を守る方法にもなっていたのだと思います（全体を見るということは、進級・進学などの現実、その延長としての社会をも見てしまうことになり、不安が増す面があります）。

　B君の不登校は中学まで続きました。その間、家庭や学校と連絡を取り合いながら、彼の特徴やこの状態の必然性を共有しつつ、B君が安心できる環境を整えていきました。やがてカウンセリングで彼が熱心に語るようになったのは、マンガのコマ割り（紙面を区切る枠線のこと）がいかに大切であるか、という話でした。1枚の絵だけでは表現できないような、時間の流れや視点の切り替えが、コマ割りをすることで可能になると力説します。そして日常生活でも、他の見方、視点があることに気づくようになり、自然な会話や柔軟な対応ができるようになりました。まさにマンガのコマ割りのように、一つの視点から次の視点へと切り替えることによって、全体の状況をつかみやすくなったのだと思います。彼は高校に進学後、独創的なアート作品で周りから一目置かれるようになっていきました。

(3) 言葉を大事にしつつ、言葉にとらわれないこと

　教育相談やカウンセリングでは、言葉はとても大切です。適切に自分の状態を言葉にすることで、問題の見通しが立ったり、気持ちに余裕が生まれたりします。しかし、不十分な言語表現にとらわれると、問題の本質が見えなくなってしまうこともあります。学校に来ない児童生徒がいる場合、それを「不登校」と言うか、「家を出られない状態」と言うか、「学校に入れない状態」と言うか、「人に会えない状態」と言うかで、問題のとらえ方が変わってきます。しかし、

アセスメントで適切な言語表現を見つけるのは簡単ではありません。いったん表現した言葉でも、微妙な違いを感じたら、その都度修正をするよう心がけるとよいでしょう。

　これは子ども自身が話す時にも当てはまります。面談で話を聞く時、その子が話す言葉をしっかり受けとめる一方で、言葉以外の表現にも十分に目を配る必要があります。人は、自分の気持ちをうまく言語化できない時、行動で表現したり、身体の不調を呈したりします。これをそれぞれ「行動化」と「身体化」と呼び、特に自己理解や言語能力が十分ではない、幼少期から思春期にかけて多く見られます。言葉では「困っていることはない」「大丈夫」と言っていても、行動や体調では別の気持ちを表現していることがあるかもしれません。

　行動化の中でも、暴力をふるう、物を壊す、自傷行為がある、などの時は、本人も言葉で表現できない気持ちをもて余していると考えられます。うまく言語化できないわけですから、「不満があるなら言ってごらん」などと促しても的確な答えは期待できません。自分でもわからないような、いつも心にあってもやもやしていて、そしておそらく葛藤を引き起こすような強い気持ちを抱えている本人のつらさを認めてあげられればと思います。その問題行動だけに目を奪われて、やめさせようとしたり、その子から距離をとったりしがちですが、これも本人の側の体験に目を向けたいところです。周囲から「問題児」と見られることで疎外感をもつよりも、「そんなにつらいのか」と気持ちをわかろうとしてくれる大人がいることが確実に支えになるはずです。

　子どもが行動化・身体化する時は、言葉にできないその子の苦しさに寄り添いながら、言葉にできるのを待ち、可能であれば少しずつ気持ちの意識化・言語化を手伝ってみるとよいでしょう。アセスメントでも、子どもの状態を表現する自分の言葉に、逆にその後の自分の対応がとらわれてしまう時があります。的確な言葉を探すことが大切なのです。

　ここでは、様々な情報をつなぐ時の軸となる視点を紹介しました。アセスメントは、知識だけで簡単にできるものではありません。真摯に子どもたちに向

き合い、注意と関心を向けながら自分の感性を磨くことで、より的確なアセスメントと深い理解につながります。

　そして、困難を抱えているのは子ども本人であることを忘れないようにしたいと思います。不登校の子を登校させることや多動の子を静かに座らせることがアセスメントの目的ではありません。登校できずに（そして落ち込んで）いる、あるいは落ち着きがない（そして他児との溝が生まれやすい）その子をどう支えるか、支援するか、を考えることが大切なのです。大事な手がかりに気づく感性と、それをその子の身になって考えられる視点をもちたいと思います。

（卯月　研次）

*引　用　文　献

　土居健郎　1996　「見立て」の問題性　精神療法 Vol.22 (2), 118-127

　石隈利紀　1999　学校心理学　誠信書房

　石隈利紀・田村節子　2003　石隈・田村式援助シートによるチーム援助入門—学校心理学・実践編　図書文化

　國分康孝（監）　1997　スクールカウンセリング事典　東京書籍

　文部科学省　2004　小・中学校における LD（学習障害）、ADHD（注意欠陥／多動性障害）、高機能自閉症の児童生徒への教育支援体制の整備のためのガイドライン（試案）　東洋館出版社

Chapter 12

親・教師への支援
危機後の子どもへの支援を例に

> 　悲惨な出来事が起き、それが体験者の対処能力を超える衝撃をもたらすと「心の傷」、すなわち「トラウマ」となります。学校で地震などの災害、事故・事件といった危機体験が起きれば、巻き込まれた子どもにもこの「トラウマ」が生じる可能性があります。本章では危機体験後の子どもへの支援を取り上げますが、子どもへの直接のかかわりではなく、その重要な支援者となる親・教師への支援が主なテーマです。

 1. 支援する人を支える

(1) はじめに

　危機体験は「日常」を破る衝撃的な体験です。危機前の子どもたちの「日常」にあった、安心できる感覚を取り戻さなくては、危機からの心の回復は起きません。そのため危機後の子どもへの支援ではまず、子どもが安心できる安全な環境を整える必要があります。"環境を整える"というと何か具体的なモノを用意する、というイメージがあるかもしれません。もちろん災害などでこれまでの生活の場が破壊された場合は、衣食住といった生活環境が整うことがまず必要です。学校全体を巻き込むような事件が起きた場合は、通常通りに授業が再開される必要がまずあります。しかしそれに加えて、回復のための"環境"には、親や教師が困難な状況の中で、子どもたちに安心感を与えられる存在であることが必要です。親や教師は子どもの一番身近にいる支援者なのです。

　しかし危機体験に限らず、自分では解決できないような問題を抱えた時に、親や教師がそれを理解し支えてくれた、と言い切れる人は案外少ないと思います。反対に、どうしたらよいか悩んでいるのにそのことで親に怒られた、心配

させると思って先生に言わなかった、といった話も珍しくありません。子ども を日頃から支えている分、親や教師自身も子どもが問題を抱えたことに悩み傷 つきます。「元気に過ごしてほしい」と日頃願っていると、そうでない様子を 見れば平静ではいられないのです。それが過度の期待や叱責、一方的なアドバ イスにつながることもあります。また大規模な災害や事件などの後は、親や教 師もその当事者です。自身にとっても困難な状況で子どもの問題をどう扱って よいかわからない、あるいは子どもの支援の余裕などない親や教師もあるので す。そしてそのように子どもへの支援に困難がある時ほど、親や教師を支援し ながら、彼らとともに子どもを支援する誰かの存在が必要です。

　実際にはその誰かとはカウンセラーでない支援者であることも多いのでしょ うが、以下では危機後の支援を例に、主にカウンセラーによる親・教師への支 援を想定して述べます。カウンセラーが子どもに対し危機後の緊急支援をする ため、一時的に学校などに派遣される場合は、子どもとじっくり信頼関係を作 る時間はなかなか作れません。また「急性期」に当たる危機体験直後の時期に、 本人の意思と関係なく危機時の感情を開示させることは、かえって自然な回復 を妨げることもわかっています。子どもに恐ろしかったその体験を安易にカウ ンセリングで語らせることは危険なのです。そのため、限られた時間の中で重 点的に親や教師への支援を行い、子どもとの関係がその後も続く彼らが、子ど もを支援する力を強めることが特に重要です。以下では、親・教師への支援が なぜ大切なのかその理由をもう少し詳しく考えます。

(2) 親・教師を支援する理由
①継続できる支援を子どもに確保する

　繰り返しになりますが、緊急支援に限らずカウンセラーのように支援を職業 とする人間は、何らかの問題が生じている間だけしか子どもとかかわれません。 しかし、親や教師と子どもの関係はカウンセリング終結後も確実に続きます。 また、特別な支援法を用いなくても、子どもたちの多くは親や教師といった重 要な他者とのつながりを実感できるだけでも、大きく回復できます。そのため、

子どもの支援者を応援チームだと考えるなら、支援者は裏方として親や教師といった他のメンバーを支えるマネージャーの役割を取ることも重要です。支援者は、自分が理解した子どもの状態をチームの他メンバーに伝えながら、どのような子どもへのかかわりをこれから日常で行うとよいか、あるいは実際に可能かを話し合い、そしてその困難な作業をその後も続けてゆけるよう、時には励まし、話を聴く存在になろうとします。

　また子どもの問題の解決を探る過程では必ず原因探しが起こります。災害後のように、心の不調の出現時期がはっきりしている時であってもそれは例外ではありません。そして支援者にはこのような時こそ慎重な対応が求められます。実際には心の問題では原因を1つに絞ることは難しく、原因が最後まではっきりしないということもあります。その一方で原因探しがいつの間にか"犯人探し"や責任論になり、問題の原因となった人が責任を取ればよいのだという考えにすり替わっていることがあるのです。これでは子どもの支援のための応援チーム結成どころではありません。「○○の時の△△が問題だ」とはっきりわかり、それを改善する方法も明確にわかって初めて、原因探しは意味あるものとなります。"原因"を指摘するだけでは、親や教師を互いに反目させたり、彼らが子どものためにこれから頑張ろうとする力をかえって損ないかねません。

② 「二重基準」に気づく

　地域全体を巻き込む災害直後などは、子どもだけでなく親や教師も心の回復の途上にあります。親や教師自身が心に傷つきや不調を抱える現状を認めながら、彼らが子どもに対してだけは今まで通りのよい対応をすべきだ、とするのは矛盾した「二重基準」ではないでしょうか。彼らが自身の生活は二の次にして子どもを支援しても「当然のこと」と受け取られ、そのことを誰かにねぎらわれる機会は案外少ないものです。一方で子どものために「頑張っていない」と判断された時には、周囲から強い批判を受けがちです。実際には、親や教師が子どもに対して支援がうまく行えない時や、子どもに対し"加害"的な立場にある時の方がかえって、彼らの支援力を弱めぬよう、その頑張りに対し「敬意、いたわり、ねぎらい（重村、2012）」を意図的に示すことが大切です。"加害"

を自覚している人は、それを誰かに相談することにも相当な迷いがあったはずです。筆者自身は「まずは相談の場に来てくれた」こと自体に感謝を示し、ねぎらうように心がけています。

　支援者は責任追及とは違う形で、子どもへの支援を妨げている親や教師側の問題が何かあれば、それを解決するための支援を行う姿勢を示す必要があります。この場合の彼ら自身の問題は、子どもへのかかわり方に直接かかわるもの以外にも、子どもが問題を抱えたという事実の受け入れがたさから、家族間の葛藤、彼ら自身の精神疾患、仕事上の悩み、今後の生活への不安まで実際には様々です。支援者はその現実に即して対応してゆくしかありません。

③支援者の"疲れ"を認める──「支援者支援」の視点

　現在、カウンセリングや看護のように対人支援を職業とする領域では、人を支援することには特有の難しさがあり、支援を行えば当然"疲れる"のだと考えられています（武井、2006）。友だちの悩み相談を親身に聴いていたら、聴いていた自分が疲れ果ててしまった、という経験はないでしょうか。相手の「心」に何らかの変化を及ぼそうとすると、相談に乗る側の「心」も動かさなくてはいけません。支援の道具として「心」を動かし続ければ、当然擦り減ったり傷んだりし、支援する側にも特有の疲れが生じます。ちなみに、日常会話でよく耳にする「燃え尽き burn out」という言葉も、元々は対人支援を職業とする人に特有なこのような疲労状態を指す用語でした。

　またトラウマとなるような危機的体験は、当事者だけでなく周辺の人々にも影響を及ぼします。クラスの一人が災害や事件に遭えば、級友たちだけでなく、手助けしようとする親や教師にも影響が及びます。災害であれば親や教師も被災者の一人です。そこでさらに子どもを支援しようとすれば、悲惨な体験の詳細を見聞きするので、子どもに起きた出来事が親や教師の二次的なトラウマ体験となる可能性すらあります。

　また自分なりに心を尽くして支援してもよい変化がなければ、危機体験に限らずその過程で、親や教師は心身ともに消耗しやすくなります。現在ではこのような支援に伴う疲れや傷つきの概念が生じたことで、それでも支援者が「心」

の元気を保つための対策をすることは、役立つ支援を継続するために必要なことととらえられています。親や教師が支援を一人では行わず、誰かと相談しながらチームで対応することは、「支援者支援」の有効な手段なのです。

【コラム 12-1：酸素マスクの装着順序】

「あなたは幼い子どもと飛行機に乗っています。突然、機体が激しく揺れ始め、酸素マスクが頭上から降りてきました。誰が先に酸素マスクをつけるべきでしょうか？」

　上記の質問は、支援者支援の考え方を端的に表すため、研修などでよく使われる例です。

　あなたが子どもに装着している途中で酸素不足になったら何が起こるでしょうか。子どもにだけはかろうじて装着し終えたとしても、あなた自身に酸素マスクをする力がもう残っていなかったら、肝心の子どもをその後は守ることができません。一方で、支援を行う人間は、悩む人を前にして何とかその手助けをできないか考えると、自分が元気であることが何だか「申し訳ない」という気持ちになることが珍しくありません。しかし、それで支援する側の人間が、支援しようと思っていた相手から気遣われるような弱った状態になっては本末転倒です。ということで正解は「あなたが先に」です。

　支援する人が心身の健康を保つことは、支援を続けるために必要であることをここで再度強調しておきたいと思います。

（柳田　多美）

---

 2. 危機後の支援

(1) A子さんの事例

以下は危機的な体験をした子どもの架空の事例です。

　A子は小学4年生です。クラスでは友人も多くリーダー的な存在です。家は自営業で、両親が経営する会社は少し離れた街にあります。

　初夏のある日、A子が授業を受けていると大きな地震が起きました。校舎の屋根の一部が壊れましたが、幸い学校の誰にも怪我はありませんでした。しかし直後から余震が続き、親の迎えを待つ子どもたちはみな体育館に集められ、教職員と一夜を過ごしました。しゃくり上げる妹の横でA子はただじっと体育座りをしていました。A子の父母が徒歩で学校にたどり着いたのは、結局翌日

の昼でした。再会に泣いて抱き合う母と妹の隣で、A子はまた黙っていました。

　当面の休校が決まった後、担任教師がA子の自宅を訪問しました。自宅の片づけの手伝いに精を出しA子はとても元気そうでした。母の話では自宅よりも会社の被害がひどく、父はその再開に奔走しているとのことでした。A子については「いつも母の後をついて手伝ってくれる」と話し、「でも最近は妹が手伝わないなどと言っては、叩いたりするようになった。前はそんなことしたことがなかったのに」とつけ加えました。

　3週間後、学校が再開されました。ところがA子はお休みです。妹が持ってきた連絡帳には、「今日は学校に行かず父母と一緒に店の片づけに行くと主張していたが、ダメだと言われると『気分が悪い』と急に寝込んでしまった」と記されていました。その後は母親につき添われ登校してくる時もありますが、以前のように授業で発言する活発な様子はありません。休み時間も友だちと遊ばず一人で教室でぼーっとしています。「気分が悪い」と保健室にすぐ行って早退することが多いのですが、その一方で特に体調が悪そうな様子にも見えないのです。迎えに来た母は、「これでは私が会社を手伝えない。昨日は父親が『今はみんなが大変なんだ。仮病もいい加減にしろ！』ととうとう怒鳴った」と疲れた様子で担任に話しました。

　もしもあなたが災害後に派遣された支援者ならば、教師とA子の両親にどのようなかかわりができるでしょうか。また、A子の反応をどのようにとらえるでしょうか。

(2) 親・教師への危機後支援──「心理教育」を中心に
①対処法を伝えるだけにしない

　子どもの問題への具体的な対処法がわかり、それにより実際に子どもの問題が改善すれば、親や教師にもよい影響があります。例えば現在は日本でも、発達障害圏の子どもをもつ親を対象に、子どもの問題への対処法やよい関係を作る養育スキルを教えるプログラムが、「ペアレント・トレーニング」と呼ばれ広まっています。これらのプログラムの終了後には、子どもの問題行動の減少

だけでなく、親の子育てへの自信、さらには全般的な精神健康が改善することもわかっています（例えば、富澤・横山、2010）。しかしこれらの結果が意味するのは、役に立つ対処法をアドバイスされればすぐに生活の中で実践できるということではありません。A子の両親に「A子を仮病だと怒らないように」と支援者がただ伝えても、かえって「困っているとわかってほしかっただけなのに」と感じたり、「そんなことはとっくにわかっている」と思われる可能性があります。そのような時は、A子の変化に困っている気持ちや、その中でも両親が努力してきた事実がまず認められ、その上でどうしたら実際にA子を叱らずにすむかを、現実の生活状況も含めて話し合うことが大切です。どんなに役に立つ対処法でも、ただ伝えては意味がないのです。

②まずは「問題」の理解を作る──心理教育

親や教師は心配をいつまでもさせる子どもの反応が単なるわがままに見え、A子の父のように腹を立てることもよくあります。このような時にはまたA子に起きた変化、すなわち問題はそもそも何であり、その背景はどのようなもので、今後はどのような見通しがあるかを「理解」することが必要です。不思議なことに人というものは、困難な状況にある時に、それをよく「理解」するだけでも、だいぶ心が落ち着きます。そのため、このような時は専門的な知識をわかりやすく説明する「心理教育」を行います。

東京臨床心理士会（2011）の「災害時ハンドブック」では、災害後の「心理教育」を行うポイントとして（ⅰ）反応の理解、（ⅱ）ノーマライゼーション（正常化）、（ⅲ）否定的な意味づけ、（ⅳ）回復の見通し、の4つを挙げています。「反応の理解」ができれば、どのような対応が必要かを親や教師自身でも考えやすくなります。さらに危機体験後の子どもの様子の変化が、"異常"な体験後には当然の"正常"な反応であると「ノーマライゼーション」され、時間経過とともに軽減するという「回復の見通し」を知れば、親や教師の不安も軽減するはずです。事実、危機体験後は、大部分の人が何らかのトラウマ症状をもっても数ヵ月以内に自然に回復することが知られています。見通しをもって安定した気持ちで親や教師がいることは、子どもの心にもよい影響を与えます。また

誰にも責任がない状況でも、親や教師が自分の行動を責め、子どもに対して罪悪感をもつことは実は珍しくありません。そのような場合は、それは「否定的な意味づけ」とも呼ばれる危機後の典型的反応だと伝えれば、親や教師の心の安定にも役立つ可能性があります。

この「心理教育」は講義形式で一方的に支援者が実施するものではありません。あるトラウマ体験後の典型的反応について説明をしながら、似たような反応の心当たりを相手に問うとよいでしょう。相手も話すことで説明された内容の理解が進む上に、支援者側は子どもや時には話している親・教師自身の心身の健康状態について情報が得られます。かかわりの時間が限られる危機後支援では、その後も継続的な支援を要する特に回復が遅れそうな人たちを見つけ、重点的な支援につなげる必要があり、このような情報取集が不可欠です。

③対処法は"話し合い"で伝える

「心理教育」が行われ問題の理解ができたところで、これまで親や教師が子どもに行った対処法をたずね、他にはどのような対処法があるかを伝えれば、支援者がただ対処法をアドバイスするよりも親や教師は実践しやすくなります。実際には"これさえやれば大丈夫"というような唯一絶対の対処法など存在しません。対話する中でこれならできると親や教師自身が関与して決めた対処法は、一方的に伝えられたアドバイスよりも心に残りやすく、実践する気も起きやすいものになるはずです。それが「支援者」としての彼らをできるだけ尊重する態度を示すことにもなります。また、そうすることで問題を理解した親や教師自身が、自ら子どもに合った対処法を考える主体的な態度が生まれます。

ここで強調しておきたいのは「精神論」に連なる対処法をアドバイスしても、あまり意味がないということです。何か大切なことを伝えなくてはと思うほど抽象的な言葉が口をつきやすくなります。ところがこの類の響きがよく説得力があるアドバイスは実践法がわかりません。しかし、何か言われたことは相手に確実に伝わるので、それが思いがけない傷つきを生むことすらあります。ただでさえ混乱した危機体験後の状況でそのようなアドバイスをするなら、合わせてそれを実践するための具体的方法の提供が必要です（コラム12-2参照）。

【コラム12-2：よい対処法のアドバイス】

　危機体験後の具体的な対処法の提示のよい例として、いつも思い出すのはある小学校の先生から聞いたアドバイスです。以下に個人が特定されないように一部の詳細を変えて紹介します。

　とある災害の後から、その先生のクラスでは「お母さんが大丈夫か心配」と授業の途中で勝手に帰宅するようになった生徒がいました。そのうち学校を休むことも増え始めました。災害時に子どもにとって恐ろしいのは、A子の例にもあるように、災害だけでなく親や家族の身の安全です。また子どもは苦痛や不安を心だけで感じるわけではないので、このような体験後は体の問題が表れることが多いです。その生徒の場合は「頭が痛い」と学校を休むようになったそうです。しかし母親は仕事と家庭の事情でとても忙しく、その生徒が自宅にいても、一緒に過ごす時間はほとんど作れない状況にあったそうです。

　そこでその先生は母親に「もっと子どもと"触れ合って"安心させてあげて」、「子どもと過ごす時間を増やしましょう」とはアドバイスしませんでした。その代わりに、頭痛に効きそうな"マッサージ体操"を母子で寝る前にするよう手順を紙に書いたものを渡して教えたといいます。どんなに忙しい母親でも10分程度の体操や子どもへのマッサージであれば毎晩続けられます。体操による血流の改善は頭痛解消にももちろんよく、マッサージ後はその子も心地よく眠れるはずです。そして何よりも、短時間かもしれませんが寝る前に母親と2人だけで文字通りの"触れ合い"をもち、つながりを実感できるようになったのではないでしょうか。それがもたらした安心感は大きかったと思われます。毎日マッサージを続けるうちに、その子どもは学校に今まで通りに来るようになったそうです。

　頭痛の背景にある心の動きに配慮しながら、母親に生活状況に合ったアドバイスをしたことが素晴らしいと筆者は思います。

(柳田　多美)

④危機体験の表現は必要か

　それでは心の傷となるような危機体験をした子どもは、最終的にはその体験を他者に対し開示し、表現しないと回復できないのでしょうか。それとも心理的苦痛が増すので、体験の表現はできるだけ控えた方がよいのでしょうか。実際には、体験の表現が回復につながることも、かえって妨げることもあります。ただし、回復につながる体験の表現には、(ⅰ) 時期、(ⅱ) 表現する相手、(ⅲ)

表現する人の意思、の3つの条件が揃う必要があります。現在では、危機体験直後に体験の詳細な表現を一律に求めるような介入をすると、回復がかえって遅れることがわかっています。興味深いことに、本人が「話を聴いてもらえてよかった」という満足感をもっていても回復は遅れるのです（金、2010）。これは直後の時期に体験を表現することで、身体レベルでのトラウマ体験後の「興奮」が静まりにくくなるためと考えられています。その一方で、自身の受けた体験の表現を望む人がいるのも事実です。子どもの場合は遊びのテーマの中に危機体験が現れることも珍しくありません。

　それではもしA子が授業中に突然に地震の絵を描き始めたら教師はどうしたらよいのでしょうか。トラウマ体験の後遺症なので、すぐにやめさせるべきなのでしょうか。ここで言えることは、（ⅰ）混乱した急性期を過ぎて、（ⅱ）親や教師のような信頼できる相手の前で、（ⅲ）子どもが自発的に表現する、場合は基本的に回復につながる表現として見守ってよいということです。ただし、本人や見ている周囲の苦痛が強すぎる場合や、凄惨な表現がただ繰り返され本人にも止められない様子の時などは、他の活動に誘うなどして切り替えを助ける方が安全です。後者の場合は、トラウマ体験後の「再体験」症状（「危機後の反応」参照）と考えらえます。またこのような「安全な表現」についての「心理教育」も、親や教師に丁寧に行うことが大切です。

(3) トラウマ後の典型的反応──A子さんの事例から

　A子の父親はとうとうA子に怒鳴ってしまいました。母も疲れています。このような状態の彼らが、A子の状態が"仮病"でないと理解できることには大きな意味があります。会社の再開に今後の生活はかかっているので、そんな時に子どもが"仮病"で自分たちを困らせると思うことが、どれだけ両親にとって負担であるかは想像できると思います。同時に厳しい目を親から向けられてはA子もたとえ家で休んでいても「安心して休めた」という感じはあまりないでしょう。これではA子もなかなか回復できません。

　また思いをめぐらせてほしいのは、教師もまた地震に巻き込まれた地域の住

民であるということです。事例の中の担任教師は性別も書かれていませんが、彼／彼女の家庭はどのような被害を受けたのでしょうか。担任もまた地震の夜に自宅に戻れなかったはずですが、自分の家族にはいつどのような形で連絡がついたのでしょうか。支援者の仕事は教師のA子への理解を手助けするためであっても、そのような教師の背景に思い至らず対応してはよい協力関係は作れないでしょう。

表12-1 危機後の反応

侵入／再体験	危機時の出来事をちょっとしたきっかけで非常に生々しく思い出します。危機の最中のように心身がまた反応するので、いつまでも過去の体験とは思えず安心できません。思い出したくないのに記憶が蘇ってしまい非常に苦痛です。また、出来事に関係した悪夢を見ることもあります。A子の場合は、地震の揺れだけでなく父母の身を案じて一晩学校に泊まった際の体験を繰り返し思い出し、それが苦痛となっている可能性があります。子どもが遊びの中で繰り返し危機時の体験を表現することも珍しくありません。
回避	「侵入／再体験」が続くことはとても苦しいので、できるだけ思い出すきっかけを避けようという反応が当然起こります。しかし、思い出させる事物は周囲にあふれているので、それを避けていると日常生活が大きく制限されます。A子の場合は、地震を体験した現場である学校に登校できないことが考えられます。また、その出来事を考えることを避ける"頭の中"の回避や、出来事の記憶自体が抜けてしまうこともめずらしくありません。
麻痺	苦痛に対処するという点では「回避」と似ていますが、苦痛の源となる感情自体を感じにくくなります。ぼーっとなって感情が動かず、その振れ幅が小さくなるので、楽しみもあまり感じられません。周囲への意欲や関心が薄れ、本人は周囲との隔たりを感じていることもあります。周囲からは気づかれにくく、麻痺が強い人は地震時のA子のようにかえって落ち着いて見えたり、大変な目に遭ったのに"大丈夫そう"に見えます。A子の授業中の活気のなさにも関係している可能性があります。
認知や気分の変化	自分や他者、世界に関して過度に否定的な信念や、予想をもつようになります。例えば、A子は「世界は危険なところだ」という認知から、両親の傍を離れられないのかもしれません。他にも危機体験の原因や結果について現実にはそぐわない認識をしていることがあります。「自分が悪い子だったから地震にあった」といった認識です。また恐怖や戦慄だけでなく、怒りや罪悪感、恥といった感情が続くこともあります。A子も「元気になれない自分はダメだ」と恥じている可能性があります。
過覚醒	危機が終わった後も、いつでも危機に対処するための"興奮状態"が続いてしまいます。言い換えるならば、危険にすぐ気づき逃げられるような準備をした状態です。そのため、周囲に警戒した状態が続き、ちょっとした物音などにもびくっとするようになります。このような時はイライラしたり、眠れなかったり、途中で何度も目が覚めることがよくあります。いつもよりハイテンションに感じられたり、A子が妹に怒るようになったように、短気でわがままになったと誤解されやすい反応です。

>>> 2. 危機後の支援

表12-1は心理教育の際に伝える、危機後によく起こる反応をA子の例も入れながら説明したものです。実際にはこれ以外にも様々な反応が心身に起こる可能性があり、特に子どもの場合は「身体的な不調」の訴えとなることも多いです。しかし今回は、トラウマ後に起こりやすいPTSD（心的外傷後ストレス障害posttraumatic stress disorder）の症状を中心に述べています。これらの反応は、一見すると相反する性質に見えますが、それが一人の人に起きるという特徴をもつものです。このような反応を伝える時には、危機が起これば誰にでも起こりえる反応であり、しかしそこから回復する力をもっていることを強調しながら伝えます。また、説明する反応が子どもだけでなく、実際には親や教師にも起きている可能性にも配慮します。

　3. まとめ──親や教師の主体性を尊重する　

　危機後に行われるカウンセラーなどの専門家による支援は、"心のケア"と一般に呼ばれます。この"心のケア"は、ケアを受ける当事者が「傷ついた自分の心を主体的にケアできるように、他者がサポートすること」、「自らの回復力・自己治癒力を最大限に引き出す『セルフケア』への支援」と定義されています（冨永・小澤、2005）。本章でこれまで述べた親や教師に対する支援の場合は、彼らが"主体的に"子どもを支援する力を強め、同時にそれを続けるために自らの回復力・自己治癒力を引き出すことを手助けすること、と言い換えることができます。しかし危機直後で混乱し傷ついた状態にあっても、親や教師を"支援が必要な無力な存在"として扱わないことが重要です。そのように扱っては、困難の中で子どもの支援を続ける彼らに失礼です。まずは"支援者"としてのその立場や力を尊重する必要があります。

　そのため筆者自身は彼らの"主体性を尊重する"ために、親や教師自身の問題やつらさからは一歩ひいた形でかかわることを心がけています。この章では一貫して子どもを支援する親や教師自身が抱える困難を強調してきました。また子どもを支援する彼らが自らをケアする必要があるのだということも述べて

きました。そのため矛盾するように思うかもしれませんが、親や教師と危機後の介入でかかわる時には、彼ら自身の困難を直接支援しようという姿勢を前面に出さないようにしています。支援はあくまでも「子どものため」のものであり、親や教師もケアを受ける立場にあるといきなり強調することは、彼らを時に傷つけるからです。また、かえって自身がケアを受けることへの抵抗感を高める可能性があります。たいていの親や教師は、熱心に子どもの心当たりのトラウマ反応について話し質問をした後、「実は私も同じ反応があったんですよ」と少しだけ自分のことを話してくれます。「被災した自宅は全く手つかずで、家族に責められながら学校再開のため出校していた。大変だった」と相談後の雑談にふと話してくれた教師もいました。支援者が彼らのつらさに思いをめぐらしながらも、このような形で少し距離をもって聴いた方が、かえって彼らも支援者に自身の気持ちを話しやすいようです。「ぜひご自身のつらさや問題を話してください」と支援者が親や教師に言ってまわったところで、彼らに代わってその困難や仕事を担えるわけでもありません。しかし困難の中でも子どもを支援し、子どもの回復を目の当たりにできた時は、それによっても親や教師の心もまた回復する可能性があります。親や教師の支援のためにも、まずは彼らが主体的に子どもの問題を支援でき、支援者としての自身の力を感じられるようにすることが重要です。

(栁田 多美)

*引 用 文 献

金吉晴　2010　災害支援の心構え　日本心理臨床学会（監）同支援活動プロジェクト委員会（編）危機への心理支援学　遠見書房　22-23

重村淳　2012　惨事ストレスと二次的外傷性ストレス―支援者に敬意、ねぎらい、いたわりを　こころの科学　165、258-259

武井朝子　2006　ひと相手の仕事はなぜ疲れるのか―感情労働の時代　大和書房

東京臨床心理士会　2011　災害時ハンドブック　東京臨床心理士会

冨永良喜・小澤康司　2005　こころのケアとストレスマネジメント　新潟市医師会報　406、1-5

富澤弥生・横山浩之　2010　注意欠陥／多動性障害児の母親へのペアレントトレーニングの効果の検討　小児の精神と科学　50（1）、93-101

おわりに

　本書は、教職を目指す学生を中心に、それ以外でも現職の先生方、スクールカウンセラー、スクールソーシャルワーカー、そして教育や学校、そして子どもたちの心に関心をもつ人に向けて、教育相談の基本的な知識と実際的な内容をまとめたものです。できるだけ具体的で実践的な内容になるように心がけたつもりですが、ただ、残念ながら本から得た知識だけでは子どもたちの心を十分に受け止めることはできないかもしれません。心は、専門用語と理論で説明できるほど単純ではありません。それを受けとめようとする私たちが自分の心を使った時に初めて、相手の心が見えてくるのではないでしょうか。ロジャーズはそれを「共感」という言葉で私たちに伝えています。これは、教育相談やカウンセリングだけでなく、広く対人援助にかかわる人にとっての基本姿勢であると言えますが、実はまさしくそれこそが子どもたちの心の成長に欠かせないものとも言えます。

　作家で、ある施設の「社会性涵養（かんよう）プログラム」の講師を務める寮美千子さんは、著書の中で「それまで、詩など、なんの関係もなかった彼らのなかから出てくる言葉。その言葉が、どのように人と人をつなぎ、人を変え、心を育てていくかを目の当たりにした。(中略)『詩』のつもりで書いた言葉がそこに存在し、それをみんなで共有する『場』を持つだけで、それは本物の『詩』になり、深い交流が生まれるのだ」と書いています。ある施設の「彼ら」とは、強盗、殺人、レイプなどの重罪で刑を受けている少年刑務所の受刑者たちです。このプログラムの中で、寮さんは「童話と詩」の授業を担当し、参加している少年受刑者たちと絵本や詩を読んだりしながら、やがて受刑者自身に自分の言葉で詩を書いてもらっています。

　「くも」と題された詩は、次の一行です。

　　空が青いから白をえらんだのです

この「詩」を書いた受刑者の少年は、日頃あまり話さない子だったそうですが、この詩を朗読したとたん、堰を切ったように自分の亡くなった母親のことを話し始めました（詳細は寮さんの本をご覧ください。この詩に込められた彼の強い思いがわかります）。それは他の仲間の心をも揺さぶり、涙を流す参加者もいました。「ふだんは語る機会のないことや、めったに見せない心のうちを言葉にし、文字として綴り、それを声に出して、みんなの前で朗読する」、そして「仲間が朗読する詩を聞くとき、受講生たちは、みな耳を澄まし、心を澄ます。ふだんのおしゃべりとは違う次元の心持ちで、その詩に相対する」という場になっているのです。刑務所の教官も刑務官も、このプログラムを支えています。皆が自分の気持ちと言葉に向き合い、相手の言葉を聞こうとする中で、「たった数行の言葉は、ある時は百万語を費やすよりも強い言葉として、相手の胸に届いていく」といいます。大切なことは、「人の言葉の表面ではなく、その芯にある心に、じっと耳を傾けること」(傍点筆者)だと寮さんは書いています。

　思春期の子どもたちの心について著書の多い臨床心理士の岩宮恵子さんは、「どういう話の聞き方をし、その話題にどう質問をして広げていくのかという会話の展開についての真似るべきモデルが、テレビのバラエティー番組になっている」と言えるような子どもたちの現状を取り上げ、子どもたちの心の成長にとって言葉がいかに重要であるかを説いています。表面的なノリでお約束通りに流れていく会話や、ボケとツッコミ、イジリやいじられキャラといったコミュニケーションの中では、自分の本音や気持ちを語るのは「なにマジになってんの？」「空気読めよ」という非難を浴びることになりかねません。しかし、そんな表面的な人間関係に消耗している子どもたちは数多くいます。同時に、どこかで空虚感を感じながら、しかしそれ以外の深い会話ができなくなっている子もいるのではないでしょうか。

　岩宮さんは、「子どもが人に気持ちを言葉で伝えることができるようになるためには、身近に優れた聞き手がいることが、何よりも必要だ」と言います。「揺れている自分を、揺れているままに見つめていてくれる人がいれば、その揺れの中から何となく答えが見つかっていく。そしてその時に初めて、自分がどう

感じているのかを人に表現できるようになるプロセスが始まるのである」と述べています。子どもたちに接する時、私たちはこんなふうにじっくりと、まだ声にならない子どもたちの心の声に耳を傾けることができているでしょうか？スクールカウンセラーとして多くの児童生徒に接してきた岩宮さんは、「その表現は、最初のころはとてもつたないものである。そのつたない表現を理解しようと時間をかけてつきあってくれる人が周囲にいる時、子どものコミュニケーション能力は飛躍的に向上するのである」と書いています。

　学校や教育現場では、テクノロジーを駆使した教育が広がりを見せています。タブレット型端末などの様々なICTの活用、電子黒板にデジタル教科書など、技術的な進歩に後押しされた変化が教育現場でも起きています。携帯電話やスマートフォン、電子メールやSNSの利用など、早くて便利なコミュニケーションツールもたくさんあります。私たちは、そういうスピードの速い時代に生きているのです。ただ、人間の心はそれほど早く簡単に分かり、伝えられるものではありません。そして、伝えられなかった気持ち、表現できなかった気持ちは、心の奥にたまって誰からも忘れ去られていくのではないでしょうか（時には自分自身からでさえも）。教育相談は、人と人とのリアルな関係、心と心がふれ合うコミュニケーションを通して、じっくりと子どもたちの心を育てていくものです。子どもたちの言葉と行動によく注意を向け、そしてさらにその奥にある気持ちにも目を向けてみてください。心の芯に耳を傾ける、優れた聞き手を目指して。

　＊引用文献
　　岩宮恵子　2009　フツーの子の思春期　心理療法の現場から　岩波書店
　　寮美千子　2011　空が青いから白をえらんだのです　奈良少年刑務所詩集　新潮文庫

　最後に、本書は企画から出版までに数年を要しました。北樹出版編集部の福田千晶さんに常に励まされ、支えていただいたことにこの場を借りて謝意を申し上げます。

　　　　　　　　　　　　　　　　　　　　　　　　　　　　卯月　研次

事項索引

あ 行

愛着障害　113
アイデンティティ　90
アスペルガー症候群　128
アセスメント　23, 120, 143
アニマ　51
アニムス　51
いじめ　84, 88, 91, 93, 95
いじめ防止対策推進法　92
イド　47
イリノイ式言語学習能力検査　150
インターネット依存　90
ウェクスラー児童用知能検査　148
うつ病　64, 65
オープン・クエスチョン（開かれた質問）　35
オペラント条件付け　42

か 行

ガイダンス理論　17
回避　91, 115
解離障害　91, 114
カウンセリング・マインド　19, 37, 38, 51
過覚醒　91, 115
科学の知　24
学習障害（LD）　128, 132, 135
影（シャドウ）　51, 82, 93
過食症　63
学級崩壊　100, 103, 104
学校裏サイト　89
学校恐怖症　68
感覚運動期　58
観衆　87, 93
技術的熟達者　3
吃音　54
気分障害　91
気持ちの反射　34
教育センター　14
境界性人格障害　113
強化子　42, 43

共感的理解　33
強迫観念　64
強迫行為　64
強迫性障害　64
恐怖症　63
拒食症　63
緊急支援　158
具体的操作期　59
繰り返し　34
クローズド・クエスチョン（閉じられた質問）　35
形式的操作期　58, 61
継次処理　149
傾聴　29, 31, 33
　　──のスキル　34
行為障害　113
攻撃性　98, 99
高等学校卒業程度認定試験　80
行動療法　41, 44
広汎性発達障害　128, 136
合理化　47
国際学習到達度調査（PISA）　9
個人間差　147
個人内差　147
古典的条件付け　42
子どもの貧困対策法　7
個別指導　15
個別の教育支援計画　23, 131
個別の指導計画　23, 131
コンサルテーション　20
コンプレックス　82

さ 行

シェイピング　43
支援者支援　160, 161
自我　47, 49
自己一致　29, 31
自己概念　29
自殺　85
思春期　60

実現傾向　28
児童虐待　110
児童虐待の防止等に関する法律　111, 116
自動思考　45
児童相談所　18
児童福祉法　17
地の消去　136
自閉症　128
自閉症スペクトラム障害　136, 137, 146
集団指導　15
集団への同調志向　87
昇華　48
情動の知性　8
心身症　64
深層心理学　27, 82
身体的虐待　110
心理・教育アセスメントバッテリー　149
心理検査　147
心理的虐待　111
スクールカウンセラー　19, 20
スクールカウンセラー活用調査研究委託事業　19
スクールカウンセリング　14
ストレスマネジメント　20
図の強調　136
スモールステップ　133
精神遅滞　129
精神分析　27
性的虐待　110
生徒指導　14
正の強化　42
摂食障害　63, 91
前意識　47
前操作期　58
センス・オブ・ワンダー　7
選択性緘黙　55, 58
ソーシャルスキル　23, 139

た　行

対人恐怖症　91
第二次性徴　60
代理によるミュンヒハウゼン症候群　111
知性化　47
チック　55

知能検査　129, 147
知能指数（IQ）　129, 147
チャム・シップ　83
チャンス面接　16
注意欠陥多動性障害（ADHD）　113, 128, 134
仲裁者　88
伝え返し　34
定期面接　16
適応的な攻撃性　99
同一化　47
投影　48
登校拒否　68
統合失調症　64, 113
逃避　48
トークン・エコノミー　44
特別支援学校　131
特別支援教育　23, 128, 130
特別支援教育コーディネーター　131
トラウマ　91, 124, 157, 164, 166

な・は行

内部の照合枠　33
二律背反　52
認知行動療法　27, 41, 46
認知の歪み　45
認知療法　41, 45
ネグレクト　110, 111
ネットいじめ　89
破局的推論　46
箱庭療法　50
罰　43
発達障害　128, 130
発達障害者支援法　128
パラフレーズ　34
反抗挑戦性障害　113
反省的実践家　3
反動形成　47
非指示的カウンセリング　18
描画テスト　50
描画療法　50
不一致　29
不適応的な攻撃性　99
不登校　67

負の強化　42, 43
フラストレーション忍耐度　49
フラッシュバック　91, 115
分析心理学　50
分離不安障害　113
ペアレント・トレーニング　162
ベックナンバー　83
防衛機制　47, 48
傍観者　87, 93
訪問面接　16
暴力行為　98

ま・や・ら行
無意識　46
無条件の肯定的配慮　32
燃え尽き burn out　160
要保護児童対策地域協議会　120

要約　34
呼び出し面接　16
来談者中心療法　18, 28
臨床教育学　24, 25
臨床心理士　14, 20
臨床の知　24
レインマン　137
CAP（Child Assault Prevention）プログラム　126
ITPA　150
K-ABC　149
KABC-Ⅱ　149
PBIS（Positive Behavioral Interventions & Supports）　106
Plan-Do-See　144
PTSD（心的外傷後ストレス障害）　91, 115, 168
WISC　148

人名索引

エリクソン　59
大村はま　3
河合隼雄　52, 60
サリヴァン, S.　83
スキナー　42
中村雄二郎　24
中井久夫　88

パブロフ　42
ピアジェ　58, 61
フロイト, ジグムント　46, 50
村瀬嘉代子　25
ロジャーズ, カール　18, 27, 28
ユング　1, 50, 52, 82

── ● **執筆者紹介**（執筆順）● ──

卯月　研次（うづき　けんじ）（編者、第2・3・4・5・6・10・11章）
　甲南女子大学人間科学部心理学科教授
　上智大学大学院文学研究科心理学専攻博士後期課程単位取得退学、修士（心理学）、臨床心理士、大正大学心理社会学部臨床心理学科教授を経て現職、専門：教育相談、教育臨床心理学
　　主要著書：「心の問題への治療的アプローチ」（新曜社、共訳）、「心理・教育統計法特論（'09）」（共著、放送大学教育振興会）など

後藤　智子（ごとう　ともこ）（編者、第1・7章）
　梅花女子大学心理こども学部心理学科教授
　京都大学大学院教育学研究科心理臨床学専攻博士後期課程単位取得退学、修士（教育学）、臨床心理士、専門：臨床心理学
　　主要著書：『昔話ケース・カンファレンス　発達と臨床のアプローチ』『昔話から学ぶ人間の成長と発達―グリム童話からディズニー作品まで』（共著、ナカニシヤ出版）など

川俣　智路（かわまた　ともみち）（第8章）
　北海道教育大学大学院教育学研究科高度教職実践専攻准教授
　北海道大学大学院教育学研究科博士後期課程単位取得退学、修士（教育学）、大正大学心理社会学部臨床心理学科専任講師を経て現職、専門：教育心理学、臨床心理学
　　主要著書：「こころの医学入門　医療・保健・福祉・心理専門職をめざす人のために」（分担、中央法規）、「ユニバーサルデザインの視点を活かした指導と学級づくり」（分担、金子書房）、「移行支援としての高校教育」（分担、福村出版）など

出野　美那子（での　みなこ）（第9章）
　東京大学大学院教育学研究科、日本学術振興会特別研究員
　大阪大学大学院人間科学研究科人間科学専攻博士後期課程修了、博士（人間科学）　臨床心理士、専門：発達精神病理学
　　主要著書（論文）：「The influence of alexithymia on psychological distress with regard to the seriousness of complicated grief and the time since bereavement in the Japanese general population」（Journal of Affective Disorders 2013；149：202-208）など

柳田　多美（やなぎた　たみ）（第12章）
　　大正大学心理社会学部臨床心理学科准教授
　　上智大学大学院文学研究科心理学専攻博士後期課程修了、博士（心理学）、臨床心理士、
　　専門：トラウマ心理学
　　主要著書：柳田多美（2006）「死の告知について」トラウマティック・ストレス4（2），
　　　155-163．など

西谷　晋二（にしたに　しんじ）（コラム）
　　一般社団法人山王教育研究所スタッフ
　　文京学院大学大学院人間学研究科修士課程修了、修士（心理学）、臨床心理士、専門：
　　臨床心理学
　　主要著書：「大人の発達障害の見立てと心理療法」（共著、創元社）、「発達の非定型化と
　　心理療法」（共著、創元社）

心とふれあう教育相談

2015年5月1日　初版第1刷発行
2019年3月15日　初版第2刷発行

編著者　卯月　研次
　　　　後藤　智子
発行者　木村　慎也

定価はカバーに表示　　印刷　シナノ印刷／製本　川島製本

発行所　株式会社　北樹出版
〒153-0061 東京都目黒区中目黒1-2-6
URL : http://www.hokuju.jp
電話(03)3715-1525(代表)　FAX(03)5720-1488

Ⓒ 2015, Printed in Japan　　ISBN 978-4-7793-0461-3
（落丁・乱丁の場合はお取り替えします）